Die Magie des langsamen Kochens
Köstliche Genüsse für jeden Anlass

Lara Weber

Inhaltsverzeichnis

Huhn mit Nudeln, Slow Cooker 22

Rohmaterial 22

VORBEREITUNG 23

Huhn mit Zwiebeln 25

Rohmaterial 25

VORBEREITUNG 25

Hähnchen mit Petersilienbrötchen 26

Rohmaterial 26

VORBEREITUNG 27

Hähnchen mit Perlzwiebeln und Champignons 28

Rohmaterial 28

VORBEREITUNG 28

Huhn mit Ananas 30

Rohmaterial 30

VORBEREITUNG 30

Hühnchen und Reis Auflauf 32

Rohmaterial 32

VORBEREITUNG 32

Chili-Hähnchen 33

Rohmaterial 33

VORBEREITUNG 33

Hühnchen und Gemüse nach chinesischer Art 35

Rohmaterial 35

VORBEREITUNG 35

Kornische Wildhühner mit Reis 37

Rohmaterial 37

VORBEREITUNG 37

Cornish Hühner mit Rosinensauce 38

Rohmaterial 38

VORBEREITUNG 38

Country Captain Hähnchenbrust 40

Rohmaterial 40

VORBEREITUNG 41

Landhuhn und Pilze 43

Rohmaterial 43

VORBEREITUNG 43

Country-Club-Huhn 44

Rohmaterial 44

VORBEREITUNG 44

Cranberry-Huhn 46

Rohmaterial 46

VORBEREITUNG 46

Cranberry-Hähnchen II 47

Rohmaterial 47

VORBEREITUNG 47

Hähnchen mit Frischkäse 49

Rohmaterial 49

VORBEREITUNG 49

Cremiges Hähnchen und Artischocken 51

Rohmaterial 51

VORBEREITUNG 51

Cremiges italienisches Hühnchen 53

Rohmaterial 53

VORBEREITUNG 53

Kreolisches Huhn 55

Rohmaterial 55

VORBEREITUNG 56

Kreolisches Hähnchen mit Wurst 57

Rohmaterial 57

VORBEREITUNG 57

Crock Pot Chicken und Artischocken 59

Rohmaterial 59

VORBEREITUNG 59

Crock Pot Hühnchen und Dressing 61

Rohmaterial 61

VORBEREITUNG 61

Crock Pot Chicken Enchilada, warmes Gericht 63

Rohmaterial 63

VORBEREITUNG 63

Crock Pot Chicken Enchiladas 65

Rohmaterial 65

VORBEREITUNG 65

Crock Pot Chicken Tortillas 66

Rohmaterial 66

VORBEREITUNG 66

Crockpot-Cassoulet 68

Rohmaterial 68

VORBEREITUNG 68

Crockpot-Hähnchen und Kräuter 70

Rohmaterial 70

VORBEREITUNG 70

Crockpot-Hühnergrill 72

Rohmaterial 72

VORBEREITUNG 72

Crockpot-Hühnergrill 74

Rohmaterial 74

VORBEREITUNG 74

Crockpot Chicken Chili 75

Rohmaterial 75

VORBEREITUNG 76

Crockpot Chicken Chow Mein 77

Rohmaterial 77

VORBEREITUNG 77

Crockpot Chicken Cordon Bleu 79

Rohmaterial 79

VORBEREITUNG 79

Crockpot Chicken Cordon Bleu II 80

Rohmaterial 80

VORBEREITUNG 80

Crockpot-Hühnerstäbchen 82

Rohmaterial 82

VORBEREITUNG 82

10. Variationen 83

Rezept für Crockpot-Hühnerfrikassee 84

Rohmaterial 84

VORBEREITUNG 85

Crockpot-Hähnchen-Reuben-Auflauf 86

Rohmaterial 86

VORBEREITUNG 87

Crockpot-Hähnchen mit Artischockenherzen 88

Rohmaterial 88

VORBEREITUNG 88

Crockpot-Hähnchen mit Dijon-Senf 90

Rohmaterial 90

VORBEREITUNG 90

Crockpot-Hähnchen mit Reis 91

Rohmaterial 91

VORBEREITUNG 92

Crockpot-Hähnchen mit Tomaten 93

Rohmaterial 93

VORBEREITUNG 93

Crockpot-Cola-Hähnchen 94

Rohmaterial 94

VORBEREITUNG 94

Kreolisches Crockpot-Huhn 95

Rohmaterial 95

VORBEREITUNG 95

Crockpot-Kräuterhähnchen mit Füllung 97

Rohmaterial 97

VORBEREITUNG 97

Crockpot-Kräuterhähnchen mit Füllung 99

Rohmaterial 99

VORBEREITUNG 99

Crockpot-Hähnchen nach italienischer Art 101

Rohmaterial 101

VORBEREITUNG 101

Crock Pot Limabohnen mit Hühnchen 103

Rohmaterial 103

VORBEREITUNG 103

Crockpot-Nudel- und Käsegenuss 104

Rohmaterial 104

VORBEREITUNG 104

Debbie's Crockpot Chicken and Stuffing 105

Rohmaterial 105

VORBEREITUNG 105

Chicken Diana a la King 107

Rohmaterial 107

VORBEREITUNG 107

Dilliertes Hähnchen mit Gemüse 108

Rohmaterial 108

VORBEREITUNG 108

Don's süß-saures Hühnchen 109

Rohmaterial 109

VORBEREITUNG 110

Einfaches, käsiges Slow-Cooker-Hähnchen 111

Rohmaterial 111

VORBEREITUNG 111

Einfache Huhn Cacciatore 112

Rohmaterial 112

VORBEREITUNG 112

Einfache Hühnchen-Nudelsauce 113

Rohmaterial 113

VORBEREITUNG 113

Einfaches Hühnchen mit Mandeln 115

Rohmaterial 115

VORBEREITUNG	115
Einfaches Crockpot-Cassoulet	117
Rohmaterial	117
VORBEREITUNG	117
Cindy's Easy Crockpot Chicken Santa Fe	119
Rohmaterial	119
VORBEREITUNG	119
Geoff's Easy Fried Chicken mit Soße	120
Rohmaterial	120
VORBEREITUNG	120
Hühnchen mit Ingwer-Ananas	121
Rohmaterial	121
VORBEREITUNG	121
Griechisches Huhn	121
Rohmaterial	121
VORBEREITUNG	122
Hawaiianische Trommelstöcke	123
Rohmaterial	123
VORBEREITUNG	123
Kräuterhähnchen mit Gemüse	124
Rohmaterial	124

VORBEREITUNG 125

Kräuterhähnchen mit Wildreis 126

Rohmaterial 126

VORBEREITUNG 127

Hühnchen mit Honig und Ingwer 128

Rohmaterial 128

VORBEREITUNG 128

In Honig gegrilltes Hähnchen mit Süßkartoffeln 130

Rohmaterial 130

VORBEREITUNG 130

Honig-Hoisin-Huhn 132

Rohmaterial 132

VORBEREITUNG 132

Hähnchen nach italienischer Art 134

Rohmaterial 134

VORBEREITUNG 134

Italienisches Crockpot-Huhn 136

Rohmaterial 136

VORBEREITUNG 136

Italienisches Hähnchen mit Spaghetti, Slow Cooker 138

Rohmaterial 138

VORBEREITUNG 138

Leichter Chicken Stroganoff 140

Rohmaterial 140

VORBEREITUNG 140

Lilly's Slow Cooker Hühnchen mit Käsesauce 142

Rohmaterial 142

VORBEREITUNG 142

Hähnchenbrust nach mexikanischer Art 143

Rohmaterial 143

• Optionale Dekorationen 143

VORBEREITUNG 144

Paulas Hühnchen mit Lauch 146

Rohmaterial 146

VORBEREITUNG 146

Leckere Jack Daniel's Barbecue Chicken Drumettes 148

Rohmaterial 148

• Barbecue Soße 148

VORBEREITUNG 149

Sherris Hühnchen und Knödel 151

Rohmaterial 151

VORBEREITUNG 151

Einfacher Slow Cooker-Hühnergrill 153

Rohmaterial 153

VORBEREITUNG 153

Gehacktes Dijon-Huhn 155

Rohmaterial 155

VORBEREITUNG 155

Slow Cooker Grillhähnchen 156

Rohmaterial 156

VORBEREITUNG 156

Gegrillte Hähnchenschenkel im Slow Cooker 157

Rohmaterial 157

VORBEREITUNG 157

Slow-Cooker-Hühnchen-Wurst-Nudelsauce 159

Rohmaterial 159

VORBEREITUNG 159

Slow Cooker Hühnchen-Curry 161

Rohmaterial 161

VORBEREITUNG 161

Slow Cooker Hühnchen-Curry mit Reis 162

Rohmaterial 162

VORBEREITUNG 162

Hühnchen-Enchiladas aus dem Slow Cooker 164

Rohmaterial 164

VORBEREITUNG 165

Slow Cooker Hühnerfrikassee mit Gemüse 166

Rohmaterial 166

VORBEREITUNG 166

Slow Cooker-Hähnchen in scharfer Soße 168

Rohmaterial 168

VORBEREITUNG 168

Slow Cooker Chicken Madras mit Currypulver 169

Rohmaterial 169

VORBEREITUNG 169

Slow Cooker Hähnchen mit Pilzen 170

Rohmaterial 170

VORBEREITUNG 170

Cordon Bleu aus dem Slow Cooker 172

Rohmaterial 172

VORBEREITUNG 172

Dijon-Hähnchen im Slow Cooker 174

Rohmaterial 174

VORBEREITUNG 174

Zitronenhähnchen aus dem Slow Cooker 176

Rohmaterial 176

VORBEREITUNG 177

Pulled Chicken aus dem Slow Cooker 178

Rohmaterial 178

VORBEREITUNG 179

Geräucherte Wurst und Kohl 181

Rohmaterial 181

VORBEREITUNG 181

Spanisches Hähnchen mit Reis 183

Rohmaterial 183

VORBEREITUNG 183

Tamis gegrillte Hähnchenschenkel 185

Rohmaterial 185

VORBEREITUNG 185

Tamis Crockpot Chicken Mozzarella 186

Rohmaterial 186

VORBEREITUNG 186

Weißes Hühnchen Chilli 187

Rohmaterial 187

VORBEREITUNG 187

Slow Cooker Hühnchen und schwarze Bohnen 188

Rohmaterial 188

VORBEREITUNG 188

Hühnchen und Dressing, Slow Cooker 190

Rohmaterial 190

VORBEREITUNG 190

Hühnchen und Pilze, Slow Cooker 191

Rohmaterial 191

VORBEREITUNG 191

Hühnchen und Reis-Parmesan, Slow Cooker 193

Rohmaterial 193

VORBEREITUNG 193

Huhn und Garnelen 194

Rohmaterial 194

VORBEREITUNG 194

Rezept für Hühnchen und Füllung 196

Rohmaterial 196

VORBEREITUNG 196

Hähnchenbrust in kreolischer Sauce 198

Rohmaterial 198

VORBEREITUNG 198

Hühnchen-Chili mit Hominy 200

Rohmaterial 200

VORBEREITUNG 200

Hühnchen-Deish 201

Rohmaterial 201

VORBEREITUNG 201

Hühnchen-Enchiladas für den Slow Cooker 203

Rohmaterial 203

VORBEREITUNG 203

Hühnchen in Las Vegas 204

Rohmaterial 204

VORBEREITUNG 204

Chicken Parisienne für den Slow Cooker 205

Rohmaterial 205

VORBEREITUNG 205

Reuben-Hähnchen-Auflauf, Slow Cooker 206

Rohmaterial 206

VORBEREITUNG 206

Huhn mit Preiselbeeren 208

Rohmaterial 208

VORBEREITUNG 208

Hähnchen mit Dressing und Soße, Slow Cooker 210

Rohmaterial 210

VORBEREITUNG 210

Hähnchen mit Makkaroni und geräuchertem Gouda-Käse 212

Rohmaterial 212

VORBEREITUNG 212

Hähnchen mit Perlzwiebeln und Pilzen, Slow Cooker 214

Rohmaterial 214

VORBEREITUNG 214

Huhn mit Ananas 215

Rohmaterial 215

VORBEREITUNG 215

Landkapitän Huhn 217

Rohmaterial 217

VORBEREITUNG 218

Landhuhn und Pilze 220

Rohmaterial 220

VORBEREITUNG 220

Cranberry-Huhn 221

Rohmaterial 221

VORBEREITUNG 221

Huhn mit Nudeln, Slow Cooker

Rohmaterial

- 2 Teelöffel Kichererbsenkörner oder -böden
- 1 Esslöffel gehackte frische Petersilie
- 3/4 TL Geflügelgewürz
- 1/3 Tasse. gewürfelter kanadischer Speck oder geräucherter Schinken
- 2 bis 3 Karotten, in dünne Scheiben geschnitten
- 2 Stangen Sellerie, in dünne Scheiben geschnitten
- 1 kleine Zwiebel, in dünne Scheiben geschnitten
- 1/4 Tasse. Wasser
- 1 Huhn (ca. 3 Pfund), in Stücke geschnitten
- 1 (10 3/4 Unzen) Dose dicke Cheddar-Käsesuppe
- 1 Esslöffel Vollkornmehl
- 1 (16 oz.) Packung. breite Eiernudeln, gekocht und abgetropft
- 2 Esslöffel gehackter Piment
- 2 Esslöffel geriebener Parmesankäse

VORBEREITUNG

1. In einer kleinen Schüssel Hähnchenpastetchen oder -basis, gehackte Petersilie und Geflügelgewürz vermischen; beiseite legen.

2. Kanadischen Speck oder Schinken, Karotten, Sellerie und Zwiebeln schichten. Wasser hinzufügen.

3. Haut und überschüssiges Fett vom Huhn entfernen; abspülen und trocknen. Die Hälfte des Hähnchens in einen Slow Cooker geben. Mit der Hälfte der reservierten Gewürzmischung bestreuen. Den Rest des Hähnchens darauf legen und mit der restlichen Gewürzmischung bestreuen.

4. Suppe und Mehl verrühren und über das Huhn geben; nicht umrühren.

5. Abdecken und 3 bis 3 1/2 Stunden auf HOCH oder 6 bis 8 Stunden auf NIEDRIG kochen, oder bis das Huhn zart ist und der Saft beim Schneiden entlang der Knochen klar austritt und das Gemüse weich ist.

6. Legen Sie heiße gekochte Nudeln in eine flache, 2 bis 2 1/2 Liter fassende, grillfeste Form. Hähnchen auf den Nudeln anrichten. Suppenmischung und Gemüse im Crockpot verrühren, bis alles gut vermischt ist. Gemüse und einen Teil der Flüssigkeit über das Hähnchen gießen. Mit geschnittenem Pimiento und Parmesankäse bestreuen.

7. Im Abstand von 10 bis 15 cm von der Wärmequelle 5 bis 8 Minuten grillen, oder bis es leicht gebräunt ist.

8. Nach Belieben mit einem Zweig Petersilie garnieren.

9. Alpenhuhn-Rezept für 4 bis 6 Personen.

Huhn mit Zwiebeln

Rohmaterial

- 4 große Zwiebeln, in dünne Scheiben geschnitten

- 5 Knoblauchzehen, gehackt

- 1/4 Tasse Zitronensaft

- 1 Teelöffel Salz

- 1/4 Teelöffel Cayennepfeffer (oder mehr, wenn Sie möchten)

- 4 bis 6 gefrorene Hähnchenbrüste ohne Knochen, kein Auftauen nötig

- heiß gekochter Reis

VORBEREITUNG

1. Alle Zutaten außer Reis in den Crock Pot geben. Gut mischen. 4 bis 6 Stunden auf NIEDRIGER Stufe kochen, oder bis das Hähnchen gar und noch zart ist.

2. Über Reis servieren.

Hähnchen mit Petersilienbrötchen

Rohmaterial

- 4 bis 6 Hähnchenbrusthälften, ohne Haut

- Je 1 Zweig Salz, Pfeffer, getrocknete Thymianblätter, gemahlener Majoran und Paprika

- 1 große Zwiebel, in Scheiben geschnitten, geteilt

- 2 Lauch, in Scheiben geschnitten

- 4 Karotten, in große Stücke geschnitten

- 1 Knoblauchzehe, gehackt

- 1 Tasse Hühnerbrühe

- 1 Esslöffel Maisstärke

- 1 Dose (10 3/4 Unzen) schwere Hühnercremesuppe

- 1/2 Tasse trockener Weißwein

- Bälle

- 1 Tasse Bisquick

- 8 Esslöffel Milch

- 1 TL getrocknete Petersilienflocken

- Prise Salz

- Scharfer Pfeffer

- eine Prise Paprika

VORBEREITUNG

1. Salz, Pfeffer, Thymian, Majoran und Paprika über das Hähnchen streuen. Die Hälfte der Zwiebelscheiben, des Lauchs und der Karotten auf den Topfboden legen. Hähnchen auf Gemüse anrichten. Streuen Sie gehackten Knoblauch über das Hähnchen und legen Sie dann die Zwiebelscheiben darauf. 1 Esslöffel Maisstärke in 1 Tasse Hühnerbrühe auflösen und dann mit der Hühnercremesuppe und dem Wein vermischen. Etwa 3 Stunden lang auf HOCH oder etwa 6 Stunden auf NIEDRIG kochen (Wenn Sie auf NIEDRIG kochen, stellen Sie es auf HOCH, wenn Kekse hinzugefügt werden).

2. Hühnchen sollte zart, aber nicht trocken sein.

3. **Bälle:** Mischen Sie 1 Tasse Cracker, etwa 8 Esslöffel Milch, Petersilie, Salz, Pfeffer und Paprika; Zu Kugeln formen und für die letzten 35 bis 45 Minuten auf die Hühnermischung legen.

4. Für 4 bis 6 Personen.

Hähnchen mit Perlzwiebeln und Champignons

Rohmaterial

- 4 bis 6 Hähnchenbrüste ohne Knochen, in 2,5 cm große Stücke geschnitten
- 1 Dose (10 3/4 Unzen) Hühnercreme oder Hühnercreme-Pilz-Suppe
- 8 Unzen geschnittene Pilze
- 1 Beutel (16 Unzen) gefrorene Perlzwiebeln
- Salz und Pfeffer nach Geschmack
- Petersilie, gehackt, zum Garnieren

VORBEREITUNG

1. Das Hähnchen waschen und trocknen. In 1/2 bis 1 Zoll große Stücke schneiden und in eine große Schüssel geben. Suppe, Pilze und Zwiebeln hinzufügen; Zum Kombinieren umrühren. Sprühen Sie den Einsatz mit Kochspray ein.

2. Die Hühnermischung in den Topf geben und mit Salz und Pfeffer bestreuen.

3. Abdecken und auf niedriger Stufe 6 bis 8 Stunden garen, dabei nach Möglichkeit etwa zur Hälfte der Garzeit umrühren.

4. Nach Belieben mit frisch gehackter Petersilie garnieren und über heißem gekochtem Reis oder mit Kartoffeln servieren.

5. Für 4 bis 6 Personen.

Huhn mit Ananas

Rohmaterial

- 1 bis 1 1/2 Pfund Hähnchenbrust, in 2,5 cm große Stücke geschnitten

- 2/3 Tasse Ananas

- 1 Esslöffel plus 1 Teelöffel Teriyaki-Sauce

- 2 Knoblauchzehen in dünne Scheiben geschnitten

- 1 Esslöffel getrocknete gehackte Zwiebel (oder 1 Bund frische Frühlingszwiebel, gehackt)

- 1 Esslöffel Zitronensaft

- 1/2 TL gemahlener Ingwer

- eine Prise Cayennepfeffer nach Geschmack

- 1 Packung (10 oz) Zuckerschoten, aufgetaut

VORBEREITUNG

1. Legen Sie die Hähnchenstücke in einen Slow Cooker/Crock Pot.

2. Dosenbrühe, Teriyaki-Sauce, Knoblauch, Zwiebel, Zitronensaft, Ingwer und Cayennepfeffer vermischen; gut umrühren. Über das Hähnchen geben und wenden, bis es bedeckt ist.

3. Abdecken und bei niedriger Temperatur 6 bis 7 Stunden garen. In den letzten 30 Minuten Erbsen hinzufügen.

4. Für 4 Personen.

Hühnchen und Reis Auflauf

Rohmaterial

- 4 bis 6 große Hähnchenbrüste, ohne Knochen, ohne Haut
- 1 Dose Hühnercremesuppe
- 1 Dose Selleriecremesuppe
- 1 Dose Pilzcremesuppe
- 1/2 Tasse geschnittener Sellerie
- 1 bis 1 1/2 Tassen verarbeiteter Reis

VORBEREITUNG

1. Kombinieren Sie 3 Dosen Suppe und Reis in einem Slow Cooker. Legen Sie das Hähnchen auf die Mischung und fügen Sie dann den gewürfelten Sellerie hinzu. 3 Stunden auf höchster Stufe oder etwa 6 bis 7 Stunden auf niedriger Stufe garen.

2. Ergibt 4 bis 6 Portionen.

Chili-Hähnchen

Rohmaterial

- 6 Hähnchenbrüste ohne Knochen, in 2,5 cm große Stücke geschnitten
- 1 Tasse gehackte Zwiebel
- 1 Tasse gehackte Paprika
- 2 Knoblauchzehen
- 2 EL. Pflanzenöl
- 2 Dosen mexikanische Tomaten (je etwa 15 Unzen)
- 1 Dose Chilibohnen
- 2/3 Tasse Picante-Sauce
- 1 Teelöffel. Chilipulver
- 1 Teelöffel. Kreuzkümmel
- 1/2 TL. Salz

VORBEREITUNG

1. Hähnchen, Zwiebeln, Paprika und Knoblauch in Pflanzenöl anbraten, bis das Gemüse zusammenfällt. In den Slow Cooker geben; Fügen Sie die restlichen Zutaten hinzu. Abdecken und auf NIEDRIGER Stufe 4 bis 6 Stunden garen. Mit Reis servieren.

2. Für 4 bis 6 Personen.

Hühnchen und Gemüse nach chinesischer Art

Rohmaterial

- 1 bis 1 1/2 Pfund Hähnchenbrust ohne Knochen
- 2 Tassen grob gehackter Kohl
- 1 mittelgroße Zwiebel, in große Stücke geschnitten
- 1 mittelgroße rote Paprika, in große Stücke geschnitten
- 1 Päckchen Kikkoman Chicken Salad Seasoning
- 1 Esslöffel Rotweinessig
- 2 Teelöffel Honig
- 1 Esslöffel Sojasauce
- 1 Tasse gefrorenes gemischtes orientalisches Gemüse
- 2 Esslöffel Maisstärke
- 1 Esslöffel kaltes Wasser

VORBEREITUNG

1. Hähnchen in 3,8 cm große Stücke schneiden. Die ersten 8 Zutaten in den Slow Cooker geben; gut mischen. Abdecken und auf niedriger Stufe 5 bis 7 Stunden garen. Maisstärke und kaltes Wasser einrühren; Gemüse hinzufügen und weitere 30 bis 45 Minuten kochen, bis das Gemüse weich ist.

2. Für 4 bis 6 Personen.

Kornische Wildhühner mit Reis

Rohmaterial

- 2 kornische Wildhühner

- 1/2 Tasse Hühnerbrühe

- Salz und Zitronenpfeffer nach Geschmack

- heiß gekochter Reis

VORBEREITUNG

1. Cornish-Hühner in den Slow Cooker geben (braune Hühner zuerst in eine leicht gefettete Pfanne, falls gewünscht). Hühnerbrühe hinzufügen. Die Hühner mit Salz und Zitronenpfeffer bestreuen. Bei niedriger Einstellung 7 bis 9 Stunden garen. Hähnchen herausnehmen und Fett wegwerfen; Den Saft mit einer Mischung aus 1 1/2 Esslöffel Maisstärke und 1 Esslöffel kaltem Wasser eindicken. Mit heißem gekochtem Reis servieren. Für 2 Personen.

Cornish Hühner mit Rosinensauce

Rohmaterial

- 1 Packung (6 Unzen) Füllmischung, nach Anleitung zubereitet
- 4 kornische Wildhühner
- Salz und Pfeffer
- .
- Rosinensauce
- 1 Glas (10 Unzen) Johannisbeergelee
- 1/2 Tasse Rosinen
- 1/4 Tasse Butter
- 1 Esslöffel Zitronensaft
- 1/4 Teelöffel Kraut

VORBEREITUNG

1. Hähnchen mit der vorbereiteten Füllung füllen; Mit Salz und Pfeffer bestreuen. Legen Sie einen Untersetzer oder ein zerknittertes Stück schwere Folie in den Slow Cooker, um zu verhindern, dass die Hühner im Bratensaft sitzen. Wenn Sie einen tiefen, schmalen Topf verwenden, legen Sie die Cornish-

Hühner mit dem Hals nach unten hinein. In einem 1-Liter-Topf Gelee, Rosinen, Butter, Zitronensaft und Kräuter vermischen. Bei schwacher Hitze unter Rühren kochen, bis es heiß und kochend ist. Etwas von der Soße auf das Hähnchen im Schmortopf streichen.

2. Den Rest der Soße bis zum Servieren kühl stellen. Abdecken und 5 bis 7 Stunden auf NIEDRIGER Stufe garen, dabei etwa eine Stunde vorher einmal begießen. Den Rest der Soße zum Kochen bringen und beim Servieren über die Hühner löffeln.

3. Ergibt 4 Portionen.

Country Captain Hähnchenbrust

Rohmaterial

• 2 mittelgroße Granny-Smith-Äpfel, entkernt und gewürfelt (ungeschält)

• 1/4 Tasse fein gehackte Zwiebel

• 1 kleine grüne Paprika, entkernt und fein gehackt

• 3 Knoblauchzehen, gehackt

• 2 Esslöffel Rosinen oder Johannisbeeren

• 2 bis 3 Teelöffel Currypulver

• 1 Teelöffel gemahlener Ingwer

• 1/4 Teelöffel gemahlener roter Pfeffer oder nach Geschmack

• 1 Dose (ca. 14 1/2 Unzen) gewürfelte Tomaten

• 6 Hähnchenbrusthälften ohne Knochen, ohne Haut

• 1/2 Tasse Hühnerbrühe

• 1 Tasse modifizierter weißer Langkornreis

• 1 Pfund mittelgroße bis große Garnelen, geschält und entdarmt, ungekocht, optional

• 1/3 Tasse Mandelscheiben

• koscheres Salz

• Gehackte Petersilie

VORBEREITUNG

1. In einem 4- bis 6-Liter-Slow-Cooker gewürfelte Äpfel, Zwiebeln, Paprika, Knoblauch, goldene Rosinen oder Johannisbeeren, Currypulver, Ingwer und zerstoßene rote Paprika vermischen; Tomaten unterrühren.

2. Das Hähnchen auf der Tomatenmischung anrichten, sodass die Stücke leicht überlappen. Hühnerbrühe über die Hähnchenbrüste gießen. Abdecken und auf NIEDRIGER Stufe kochen, bis das Hähnchen beim Einstechen mit einer Gabel sehr zart ist, etwa 4 bis 6 Stunden.

3. Das Hähnchen auf einen warmen Teller legen, locker abdecken und in einem 200 °F heißen Ofen oder einer Wärmeschublade warm halten.

4. Den Reis in die Kochflüssigkeit einrühren. Erhöhen Sie die Temperatur auf einen hohen Wert. abdecken und unter ein- oder zweimaligem Rühren kochen, bis der Reis fast zart ist, etwa 35 Minuten. Garnelen unterrühren, falls verwendet; abdecken und etwa 15 Minuten länger kochen, bis die Garnelen in der Mitte undurchsichtig sind; Zum Testen schneiden.

5. In der Zwischenzeit Mandeln in einer kleinen Pfanne bei mittlerer Hitze goldbraun rösten, dabei gelegentlich umrühren. Beiseite legen.

6. Zum Servieren die Reismischung mit Salz abschmecken. In einer warmen Servierschüssel aufhäufen; Hähnchen darauf anrichten. Mit Petersilie und Mandeln bestreuen.

Landhuhn und Pilze

Rohmaterial

- 1 Glas Country-Sauce

- 4 bis 6 Hähnchenbrust

- 8 Unzen geschnittene Pilze

- Salz und Pfeffer nach Geschmack

VORBEREITUNG

1. Alle Zutaten vermischen; Abdecken und auf niedriger Stufe 6 bis 7 Stunden garen. Mit Reis oder Nudeln servieren.

2. Für 4 bis 6 Personen.

Country-Club-Huhn

Rohmaterial

- 5 Äpfel, geschält, entkernt und gehackt

- 6 bis 8 Frühlingszwiebeln, mit Grün, in Scheiben geschnitten

- 1 Pfund Hähnchenschenkel, ohne Knochen, ohne Haut, jegliches Fett entfernt, in 2-Zoll-Würfel geschnitten

- 6 bis 8 Unzen geschnittener Schweizer Käse

- 1 Dose (10 1/2 Unzen) Hühnercremesuppe, gut vermischt mit 1/4 Tasse Milch

- 1 Schachtel (6 Unzen) Pepperidge Farm Apfel-Rosinen-Füllung, oder verwenden Sie Ihre Lieblings-Füllmischung

- 1/4 Tasse geschmolzene Butter

- 3/4 Tasse Apfelwein

VORBEREITUNG

1. Geben Sie die Zutaten in der gleichen Reihenfolge wie oben in einen 3 1/2 bis 5 Liter fassenden Slow Cooker. Gießen Sie die

Suppenmischung über die Käseschicht, Butter über die Füllung und träufeln Sie schließlich den Apfelsaft darüber. Achten Sie darauf, dass die Flüssigkeit das gesamte Brot durchtränkt.

2. Abdecken und 1 Stunde auf HOCH und weitere 4 bis 5 Stunden auf NIEDRIG kochen.

3. Rose-Maries Kommentar:

4. Wir haben es ohne Zutaten gegessen, aber da es eine wunderbare Soße ergibt und die Füllung quasi im Gericht verschwindet, empfehle ich, es mit einfachem Reis zu servieren.

Cranberry-Huhn

Rohmaterial

- 4 bis 6 Hähnchenbrusthälften ohne Knochen, ohne Haut
- 1 Dose ganze Cranberrysauce
- 2/3 Tasse Chilisauce
- 2 Esslöffel Apfelessig
- 2 Esslöffel brauner Zucker
- 1 Päckchen trockene (Lipton) goldene Zwiebelsuppenmischung

VORBEREITUNG

1. Hähnchenbrust in den Slow Cooker/Crock Pot geben. Die restlichen Zutaten vermischen; In den Slow Cooker/Crock Pot geben und das Huhn gut damit bestreichen. Abdecken und mindestens 6 bis 8 Stunden kochen lassen.

2. Für 4 bis 6 Personen.

Cranberry-Hähnchen II

Rohmaterial

- 2 Pfund Hähnchenbrust ohne Knochen, ohne Haut
- 1/2 Tasse gehackte Zwiebel
- 2 Teelöffel Pflanzenöl
- 2 Teelöffel Salz
- 1/2 TL gemahlener Zimt
- 1/4 TL gemahlener Ingwer
- 1/8 TL gemahlene Muskatnuss
- Ansturm zerschmetterte alle Hände
- 1 Tasse Orangensaft
- 2 Teelöffel fein geriebene Orangenschale
- 2 Tassen frische oder gefrorene Cranberries
- 1/4 Tasse brauner Zucker

VORBEREITUNG

1. Hähnchenstücke und Zwiebeln in Öl anbraten; mit Salz bestreuen.

2. Gebräuntes Hähnchen, Zwiebeln und andere Zutaten in den Topf geben.

3. Abdecken und auf niedriger Stufe 5 1/2 bis 7 Stunden garen.

4. Falls gewünscht, den Saft gegen Ende der Garzeit mit einer Mischung aus etwa 2 Esslöffeln Maisstärke und 2 Esslöffeln kaltem Wasser andicken.

Hähnchen mit Frischkäse

Rohmaterial

- 3 bis 3 1/2 Pfund Hähnchenteile

- 2 Esslöffel geschmolzene Butter

- Salz und Pfeffer nach Geschmack

- 2 Esslöffel trockenes italienisches Salatdressing

- 1 Dose (10 3/4 Unzen) Pilzcremesuppe

- 8 Unzen Frischkäse, gewürfelt

- 1/2 Tasse trockener Weißwein

- 1 Esslöffel gehackte Zwiebel

VORBEREITUNG

1. Das Hähnchen mit Butter bestreichen und mit Salz und Pfeffer bestreuen. In das langsam gegarte Gericht geben und alles mit trockenem Dressing bestreuen.

2. Abdecken und auf niedriger Stufe 6 bis 7 Stunden garen, oder bis das Hähnchen zart und durchgegart ist.

3. Etwa 45 Minuten vor der Zubereitung Suppe, Frischkäse, Wein und Zwiebeln in einem kleinen Topf vermischen. Kochen, bis es sprudelt und glatt ist.

4. Über das Huhn gießen und abdecken und weitere 30 bis 45 Minuten garen.

5. Hähnchen mit Soße servieren.

6. Für 4 bis 6 Personen.

Cremiges Hähnchen und Artischocken

Rohmaterial

- 2 bis 3 Tassen gekochtes, gewürfeltes Hähnchen
- 2 Tassen gefrorene Artischockenviertel oder 1 Dose (ca. 15 Unzen), abgetropft
- 2 Unzen gehackter Pimiento, abgetropft
- 1 Glas (16 Unzen) Alfredo-Sauce
- 1 Teelöffel Hühnerbrühe oder Bohnen
- 1/2 Teelöffel getrocknetes Basilikum
- 1/2 Teelöffel Knoblauchzehen oder -pulver
- 1 Teelöffel getrocknete Petersilie, optional
- Salz und Pfeffer nach Geschmack
- 8 Unzen Spaghetti, gekocht und abgetropft, optional

VORBEREITUNG

1. Ich gebe etwa ein Kilo Hähnchenbrust in etwas mit Zitrone und Knoblauch gewürztes Wasser, Sie können aber auch gekochte Hähnchenbrust oder übrig gebliebenes Hähnchen verwenden. Alle Zutaten im Crockpot vermischen; Abdecken

und bei niedriger Temperatur 4 bis 6 Stunden garen. In heiße gekochte Nudeln einrühren oder als Soße für Reis oder Nudeln verwenden. Dieses Slow-Cooker-Rezept mit Hühnchen und Artischocken reicht für 4 bis 6 Personen.

Cremiges italienisches Hühnchen

Rohmaterial

- 4 Hähnchenbrusthälften ohne Knochen und ohne Haut

- 1 Umschlag italienische Salatdressingmischung

- 1/3 Tasse Wasser

- 1 Packung (8 oz.) Frischkäse, weich

- 1 Dose (10 3/4 Unzen) dicke Hühnersuppe, unverdünnt

- 1 Dose (4 oz.) Pilzstiele und -stücke, abgetropft

- Heiß gekochter Reis oder Nudeln

VORBEREITUNG

1. Legen Sie die Hähnchenbrust in einen Slow Cooker. Salatdressing-Mischung und Wasser mischen; über das Huhn

gießen. Abdecken und 3 Stunden auf NIEDRIGER Stufe kochen. In einer kleinen Rührschüssel Frischkäse und Suppe verrühren, bis alles gut vermischt ist. Die Pilze unterrühren. Gießen Sie die Frischkäsemischung über das Huhn. 1 bis 3 Stunden länger kochen oder bis der Hühnersaft klar ist. Servieren Sie italienisches Hühnchen mit Reis oder warmen gekochten Nudeln.

2. Für 4 Personen.

Kreolisches Huhn

Rohmaterial

- 1 Brathähnchen, in Stücke geschnitten, etwa 3 Pfund Hähnchenstücke

- 1 grüne Paprika, gehackt

- 6 Frühlingszwiebeln, etwa 1 Bund, gehackt

- 1 Dose (14,5 Unzen) Tomaten, nicht abgetropft, gewürfelt

- 1 Dose (6 Unzen) Tomatenmark

- 4 Unzen gewürfelter gekochter Schinken

- 1 Teelöffel Salz

- ein paar Tropfen scharfe Pfeffersoße aus der Flasche, zum Beispiel Tabasco

- 1/2 Pfund geschnittene geräucherte Wurst, Andouille, Kielbasa usw.

- 3 Tassen gekochter Reis

VORBEREITUNG

1. Hähnchen, Paprika, Zwiebeln, Tomaten, Tomatenmark, Schinken, Salz und Pfeffersauce in einem Slow Cooker vermischen.

2. Abdecken und bei schwacher Hitze 6 Stunden garen. Drehen Sie den Regler auf hoch und geben Sie Wurst und gekochten Reis hinzu. Abdecken und weitere 20 Minuten auf höchster Stufe garen.

Kreolisches Hähnchen mit Wurst

Rohmaterial

- 1 1/2 Pfund Hähnchenschenkel ohne Knochen, in Stücke geschnitten

- 12 Unzen geräucherte Andouillewurst, in 1 bis 2 Zoll lange Stücke geschnitten

- 1 Tasse gehackte Zwiebel

- 3/4 Tasse Hühnerbrühe oder Wasser

- 1 Dose (14,5 Unzen) gewürfelte Tomaten

- 1 Dose (6 Unzen) Tomatenmark

- 2 Teelöffel Cajun- oder kreolische Gewürze

- Mit Cayennepfeffer abschmecken

- 1 grüne Paprika, gehackt

- Salz und Pfeffer nach Geschmack

- heiß gekochter weißer oder brauner Reis oder gekochte, abgetropfte Spaghetti

VORBEREITUNG

1. Hähnchenschenkel, Andouillewurst, gehackte Zwiebeln, Brühe oder Wasser, Tomaten (mit ihrem Saft), Tomatenmark, kreolische Gewürze und Cayennepfeffer in einem Slow Cooker vermischen.

2. Abdecken und die Hähnchen-Wurst-Mischung auf niedriger Stufe 6 bis 7 Stunden garen. Etwa eine Stunde bevor das Gericht fertig ist, den gehackten grünen Pfeffer hinzufügen. Abschmecken und nach Bedarf Salz und Pfeffer hinzufügen.

3. Servieren Sie dieses schmackhafte Hühnchen-Wurst-Gericht über heißem gekochtem Reis oder mit Spaghetti oder Engelshaarnudeln.

4. Für 6 Personen.

Crock Pot Chicken und Artischocken

Rohmaterial

- 3 Pfund Hähnchenstücke, Hähnchenfritteuse, in Stücke geschnitten

- Salz, nach Geschmack

- 1/2 TL Pfeffer

- 1/2 TL Paprika

- 1 Esslöffel Butter

- 2 Gläser marinierte Artischockenherzen; Marinade aufbewahren

- 1 Dose (4 Unzen) Pilze, abgetropft

- 2 Esslöffel schnell gekochte Tapioka

- 1/2 Tasse Hühnerbrühe

- 3 Esslöffel trockener Sherry oder mehr Hühnerbrühe

- 1/2 Teelöffel getrockneter Estragon

VORBEREITUNG

1. Hähnchen waschen und trocken tupfen. Das Hähnchen mit Salz, Pfeffer und Paprika würzen. Das Hähnchen in einer großen Pfanne bei mittlerer Hitze in Butter anbraten und die Artischockenmarinade hinzufügen.

2. Legen Sie die Pilze und Artischockenherzen auf den Boden des Slow Cookers. Mit Tapioka bestreuen. Die gebräunten Hähnchenstücke dazugeben. Hühnerbrühe und Sherry hinzufügen. Estragon hinzufügen. Abdecken und 7 bis 8 Stunden auf NIEDRIGER Stufe garen, oder 3 1/2 bis 4 1/2 Stunden auf HOCH stellen.

3. Server 4.

Crock Pot Hühnchen und Dressing

Rohmaterial

- 4 Hähnchenbrusthälften ohne Knochen, ohne Haut+
- Salz und frisch gemahlener schwarzer Pfeffer nach Geschmack
- 4 Scheiben Schweizer Käse
- 1 Dose (10 3/4 Unzen) schwere Hühnercremesuppe
- 1 Dose (10 3/4 oz) dicke Pilzcremesuppe oder Selleriecreme
- 1 Tasse Hühnerbrühe
- 1/4 Tasse Milch
- 3 Tassen gewürzte Krümelfüllung
- 1/2 Tasse geschmolzene Butter

VORBEREITUNG

1. Die Hähnchenbrüste mit Salz und Pfeffer würzen und in den Slow Cooker geben. Hühnerbrühe über die Hähnchenbrüste gießen. Auf jede Brust eine Scheibe Schweizer Käse legen.

2. Beide Dosen Suppe und Milch in einer Schüssel vermischen; gut mischen. Gießen Sie die Suppenmischung über das Huhn.

Die Füllmischung darüber streuen. Geschmolzene Butter über die Füllschicht träufeln.

3. Abdecken und bei schwacher Hitze 5 bis 7 Stunden garen.

4. Hinweis: Hähnchenbrust ist sehr mager und wird trocken, wenn sie zu lange gegart wird.

5. Abhängig von Ihrem Slow Cooker kann das Hähnchen in 4 Stunden oder weniger fertig sein. Für eine längere Garzeit probieren Sie das Rezept mit Hähnchenschenkeln ohne Knochen.

Crock Pot Chicken Enchilada, warmes Gericht

Rohmaterial

- 9 Maistortillas, 6 Zoll

- 1 Dose (12 bis 16 Unzen) Vollkornmüsli mit Paprika, abgetropft

- 2 bis 3 Tassen gekochtes, gewürfeltes Hähnchen

- 1 Teelöffel Chilipulver

- 1/4 TL gemahlener schwarzer Pfeffer

- 1/2 Teelöffel Salz oder nach Geschmack

- 1 Dose (4 Unzen) gehackte grüne Chilis, mild

- 2 Tassen geriebener mexikanischer Mischkäse oder milder Cheddar-Käse

- 2 Dosen (je 10 Unzen) Enchiladasauce

- 1 Dose (15 Unzen) schwarze Bohnen, abgespült und abgetropft

- Guacamole und Sauerrahm

VORBEREITUNG

1. Besprühen Sie den Slow Cooker mit Kochspray.

2. Legen Sie 3 Tortillas auf den Boden des Slow Cookers.

3. Die Tortillas mit Mais, der Hälfte des Hähnchens, etwa der Hälfte der Gewürze und der Hälfte der Chilischote belegen.

4. Streuen Sie die Hälfte des geriebenen Käses darüber und gießen Sie etwa 3/4 Tasse der Enchilada-Sauce über den Käse.

5. Wiederholen Sie den Vorgang mit 3 weiteren Tortillas, schwarzen Bohnen, restlichem Hühnchen, Gewürzen, Chilischote und Käse.

1. Mit den restlichen Tortillas und Enchiladasauce belegen.

2. Abdecken und 5 bis 6 Stunden auf NIEDRIGER Stufe garen.

3. Mit Guacamole und Sauerrahm servieren.

4. Für 6 bis 8 Personen.

Crock Pot Chicken Enchiladas

Rohmaterial

- 1 große Dose (19 Unzen) Enchiladasauce
- 6 Hähnchenbrusthälften ohne Knochen
- 2 Dosen Hühnercremesuppe
- 1 kleine Dose geschnittene schwarze Oliven
- 1/2 Tasse gehackte Zwiebel
- 1 Dose (4 Unzen) gehackte milde Chilischoten
- 16 bis 20 Maistortillas
- 16 Unzen geriebener scharfer Cheddar-Käse

VORBEREITUNG

1. Hähnchen kochen und zerkleinern. Suppe, Oliven, Chilischoten und Zwiebeln vermischen. Tortillas in Schiffchen schneiden. Den Crock Pot vollständig mit Soße, Tortillas, Suppenmischung, Hühnchen und Käse bedecken und abschließend mit Käse belegen. Abdecken und 5 bis 7 Stunden auf NIEDRIGER Stufe garen.

2. Vor 8 bis 10

Crock Pot Chicken Tortillas

Rohmaterial

- 4 Tassen gekochtes Hähnchen, zerkleinert oder in mundgerechte Stücke geschnitten
- 1 Dose Hühnercremesuppe
- 1/2 c. grüne Chili-Salsa
- 2 EL. schnell gekochte Tapioka
- 1 inkl. Zwiebel, gehackt
- 1 1/2 c. geriebener Käse
- 12 bis 15 Maistortillas
- Schwarze Oliven
- 1 Tomate, gehackt
- 2 Esslöffel gehackte Frühlingszwiebeln
- Sauerrahm zur Dekoration

VORBEREITUNG

1. Hühnchen mit Suppe, Chili-Salsa und Tapioka vermischen. Den Boden des Crock Pot mit 3 in mundgerechte Stücke gerissenen Maistortillas auslegen. 1/3 der Hühnermischung hinzufügen. 1/3 der Zwiebel und 1/3 des geriebenen Käses darüberstreuen. Wiederholen Sie die Tortillaschichten mit Hühnermischung, Zwiebeln und Käse. Abdecken und 6 bis 8 Stunden auf niedriger

Stufe oder 3 Stunden auf hoher Stufe garen. Nach Belieben mit geschnittenen schwarzen Oliven, gehackten Tomaten, Frühlingszwiebeln und Sauerrahm garnieren.

Crockpot-Cassoulet

Rohmaterial

- 1 Pfund trockene weiße Bohnen, abgespült
- 4 Tassen Wasser
- 4 Hähnchenbrüste ohne Haut und ohne Knochen, in 2,5 cm große Stücke geschnitten
- 8 Unzen gekochter Schinken, in 2,5 cm große Stücke geschnitten
- 3 große Karotten, in dünne Scheiben geschnitten
- 1 Tasse gehackte Zwiebel
- 1/2 Tasse geschnittener Sellerie
- 1/4 Tasse dicht gepackter brauner Zucker
- 1/2 Teelöffel Salz
- 1/4 Teelöffel trockener Senf
- 1/4 TL Pfeffer
- 1 Dose (8 Unzen) Ketchup
- 2 Esslöffel Melasse

VORBEREITUNG

2. Bohnen über Nacht in 4 Tassen Wasser in einem Schmortopf oder einem großen Topf einweichen.

3. Die Bohnen abdecken und bei schwacher Hitze etwa 1 1/2 Stunden köcheln lassen, bis sie weich sind. Bei Bedarf noch etwas Wasser hinzufügen.

4. Geben Sie die Bohnen und die Flüssigkeit in einen Topf. Die restlichen Zutaten hinzufügen; gut mischen.

5. Abdecken und auf niedriger Stufe 7 bis 9 Stunden garen, bis das Gemüse weich ist.

6. Für 6 bis 8 Personen.

Crockpot-Hähnchen und Kräuter

Rohmaterial

- 3 Pfund Hähnchenstücke, ohne Haut
- Salz und Pfeffer
- 1/4 Tasse gehackte Zwiebel
- 10 kleine weiße Zwiebeln
- 2 Knoblauchzehen, gehackt
- 1/4 Teelöffel gemahlener Majoran
- 1/2 Teelöffel getrocknete Thymianblätter, zerstoßen
- 1 Lorbeerblatt
- 1/2 Tasse trockener Weißwein
- 1 Tasse saure Sahne
- 1 Tasse Keksmischung
- 1 Esslöffel gehackte Petersilie
- 6 Esslöffel Milch

VORBEREITUNG

1. Das Hähnchen mit Salz und Pfeffer bestreuen und in einen Slow Cooker oder Schmortopf geben. Alle Zwiebeln in den Topf geben. Knoblauch, Majoran, Thymian, Lorbeerblatt und Wein hinzufügen. Abdecken und mindestens 5 bis 6 Stunden kochen lassen. Lorbeerblatt entfernen. Den Sauerrahm unterrühren.

Erhöhen Sie die Hitze auf eine hohe Stufe und vermischen Sie die Keksmischung mit der Petersilie. Milch in die Keksmischung einrühren, bis sie gut angefeuchtet ist. Die Knödel von einem Teelöffel am Rand des Topfes verteilen. Abdecken und weitere 30 Minuten auf höchster Stufe garen, bis die Brötchen gar sind.

Crockpot-Hühnergrill

Rohmaterial

- 2 Hähnchenbrustfilets ohne Knochen und Haut
- 1 1/2 Tassen Ketchup
- 3 Esslöffel brauner Zucker
- 1 EL Worcestershire-Sauce
- 1 Esslöffel Sojasauce
- 1 Esslöffel Apfelessig
- 1 TL gemahlene rote Paprikaflocken oder nach Geschmack
- 1/2 Teelöffel Knoblauchpulver

VORBEREITUNG

1. Alle Zutaten für die Sauce im Slow Cooker vermischen. Fügen Sie das Huhn hinzu; wenden, damit die Soße gut bedeckt ist.

2. 3 bis 4 Stunden lang auf höchster Stufe garen, oder bis das Hähnchen gar ist. Das Hähnchen zerkleinern oder zerkleinern und wieder zur Soße in den Topf geben. Gut vermischen, sodass alle Stücke bedeckt sind.

3. Sie können den Slow Cooker auf niedriger Stufe stellen, um das Hähnchen warm zu halten und es auf harten Brötchen zu servieren.

4. Köstlich!

Crockpot-Hühnergrill

Rohmaterial

- 1 Brathähnchen, geschnitten oder geviertelt
- 1 Dose dicke Tomatensuppe
- 3/4 c. gehackte Zwiebel
- 1/4 c. Essig
- 3 EL. brauner Zucker
- 1 EL. Worcestersauce
- 1/2 TL. Salz
- 1/4 TL. Basilikum
- Eine Prise Blutgestein

VORBEREITUNG

1. Legen Sie das Huhn in einen Slow Cooker. Alle anderen Zutaten vermischen und über das Hähnchen gießen. Gut abdecken und 6 bis 8 Stunden auf NIEDRIGER Stufe garen. Für 4 Personen.

Crockpot Chicken Chili

Rohmaterial

- 2 Tassen getrocknete Bohnen aus dem Norden, über Nacht eingeweicht
- 3 Tassen kochendes Wasser
- 1 Tasse gehackte Zwiebel
- 2 Knoblauchzehen, gehackt
- 2 bis 3 Jalapenopfeffer in einer Dose, gehackt (eingelegt ist in Ordnung)
- 1 Esslöffel gemahlener Kreuzkümmel
- 1 Teelöffel Chilipulver
- 1 bis 1 1/2 Pfund Hähnchenbrust ohne Knochen, in 2,5 cm große Stücke geschnitten
- 2 kleine Zucchini oder Sommerkürbis, gewürfelt
- 1 Dose (12 bis 15 Unzen) Vollkorngetreide, abgetropft
- 1/2 Tasse saure Sahne
- 2 1/4 Teelöffel Salz
- 1 Esslöffel Limettensaft
- 1/4 Tasse gehackter frischer Koriander und etwas zum Garnieren, falls gewünscht
- 1 Tomate, gehackt, zum Garnieren oder halbierte Kirschtomaten

• Sauerrahm zur Dekoration

VORBEREITUNG

1. Bohnen und kochendes Wasser in einem Slow Cooker vermischen. Stehen lassen, während die anderen Zutaten zubereitet werden. Gehackte Zwiebeln, gehackten Knoblauch, Jalapenopfeffer, Kreuzkümmel und Chilipulver in den Topf geben. Hähnchen darauf legen. Den gewürfelten Kürbis in den Topf geben. Abdecken und bei niedriger Temperatur 7 bis 8 Stunden garen, bis die Bohnen weich sind. Mais, Sauerrahm, Salz, Limettensaft und gehackten Koriander unterrühren. In Schüsseln füllen. Nach Belieben mit einem Löffel Sauerrahm, gehackten Tomaten und gehacktem frischem Koriander garnieren.

Crockpot Chicken Chow Mein

Rohmaterial

- 1 1/2 Pfund Hähnchenbrust ohne Knochen, in 2,5 cm große Stücke geschnitten
- 1 Esslöffel Pflanzenöl
- 1 1/2 Tassen gehackter Sellerie
- 1 1/2 Tassen gehackte Karotten
- 6 Frühlingszwiebeln, gehackt
- 1 Tasse Hühnerbrühe
- 1/3 Tasse Sojasauce
- 1/4 Teelöffel gemahlener roter Pfeffer oder nach Geschmack
- 1/2 TL gemahlener Ingwer
- 1 Knoblauchzehe, fein gehackt
- 1 Dose (ca. 12 bis 15 Unzen) Unzen Sojasprossen, abgetropft
- 1 Dose (8 Unzen) geschnittene Wasserkastanien, abgetropft
- 1/4 Tasse Maisstärke
- 1/3 Tasse Wasser

VORBEREITUNG

1. Hähnchenstücke in einer großen Pfanne anbraten. Gebräuntes Hähnchen in den Slow Cooker geben. Die restlichen Zutaten außer Maisstärke und Wasser hinzufügen. Aufsehen.

Abdecken und 6 bis 8 Stunden auf NIEDRIGER Stufe garen. Stellen Sie den Slow Cooker auf HIGH. Maisstärke und Wasser in einer kleinen Schüssel vermischen und rühren, bis sie sich aufgelöst und glatt gemacht haben. Rühren Sie die langsam kochende Flüssigkeit ein. Halten Sie den Deckel leicht geöffnet, damit der Dampf entweichen kann, und kochen Sie ihn etwa 20 bis 30 Minuten lang, bis er eingedickt ist.

2. Mit Reis oder Chow-Mein-Nudeln servieren. Kann für 5 qt verdoppelt werden. Slow Cooker/Crock Pots.

Crockpot Chicken Cordon Bleu

Rohmaterial

- 4-6 Hähnchenbrüste (dünn zerstoßen)

- 4-6 Stück Schinken

- 4-6 Scheiben Schweizer oder Mozzarella-Käse

- 1 Dose Cremesuppe (Sie können jede beliebige Cremesuppe verwenden)

- 1/4 Tasse Milch

VORBEREITUNG

1. Schinken und Käse auf das Hähnchen legen. Aufrollen und mit einem Zahnstocher fixieren. Legen Sie das Hähnchen in den Slow Cooker/Crock Pot, sodass es wie ein Dreieck aussieht /_\ Legen Sie den Rest darauf. Suppe mit Milch verrühren; über das Huhn gießen. Abdecken und bei niedriger Temperatur 4 Stunden garen, bis das Hähnchen nicht mehr rosa ist. Mit der daraus resultierenden Soße über den Nudeln servieren.

2. Teresas Kommentar: Es ist das beste Rezept, das ich bisher probiert habe, sehr lecker.

Crockpot Chicken Cordon Bleu II

Rohmaterial

- 6 Hähnchenbrusthälften
- 6 Scheiben Schinken
- 6 Scheiben Schweizer Käse
- 1/2 c. Mehl
- 1/2 c. Parmesan Käse
- 1/2 TL. Salz
- 1/4 TL. Pfeffer
- 3 Esslöffel Öl
- 1 Dose Hühnercremesuppe
- 1/2 Tasse trockener Weißwein

VORBEREITUNG

1. Legen Sie jede Hähnchenbrusthälfte zwischen Plastikfolie und drücken Sie sie vorsichtig aus, bis sie gleichmäßig dick ist. Auf jede Hähnchenbrust eine Scheibe Schinken und eine Scheibe Schweizer Käse legen; Aufrollen und mit Zahnstochern oder Küchengarn fixieren. Mehl, Parmesankäse, Salz und Pfeffer in

einer Schüssel vermischen. Das Hähnchen in der Parmesan-Mehl-Mischung wälzen; 1 Stunde entspannen Nachdem das Huhn abgekühlt ist, erhitzen Sie eine Pfanne mit 3 Esslöffeln Öl. Hähnchen von allen Seiten braun anbraten.

2. In einem Schmortopf Hühnersuppe und Wein vermischen. Gebräuntes Hähnchen dazugeben und auf NIEDRIGER Stufe 4 1/2 bis 5 1/2 Stunden garen. oder HOCH für etwa 2 1/2 Stunden. Die Soße mit einer Mischung aus Mehl und kaltem Wasser andicken (ca. 2 EL Mehl mit 2 EL kaltem Wasser vermischen). Etwa 20 Minuten länger kochen, bis die Masse eingedickt ist.

3. Für 6 Personen.

Crockpot-Hühnerstäbchen

Rohmaterial

- 12 bis 16 Hähnchenkeulen, ohne Haut

- 1 Tasse Ahornsirup

- 1/2 Tasse Sojasauce

- 1 Dose (14 Unzen) ganze Beeren-Cranberry-Sauce

- 1 TL Dijon-Senf

- 1 Esslöffel Maisstärke

- 1 Esslöffel kaltes Wasser

- Gehackte Frühlingszwiebeln oder frisch gehackter Koriander, optional

VORBEREITUNG

1. Wenn Sie die Haut belassen möchten, legen Sie das Huhn in einen großen Topf, bedecken Sie es mit Wasser und bringen Sie es bei starker Hitze zum Kochen. Etwa 5 Minuten kochen lassen. Durch das Vorkochen wird ein Teil des überschüssigen Fetts von der Haut entfernt.

2. Nehmen Sie das Hähnchen heraus, tupfen Sie es trocken und legen Sie die Patties in den Slow Cooker.

3. Ahornsirup, Sojasauce, Cranberrysauce und Senf in einer Schüssel vermischen. Über die Fässer gießen.

4. Abdecken und 6 bis 7 Stunden auf NIEDRIG oder etwa 3 Stunden auf HOCH kochen. Das Huhn sollte sehr zart sein, aber nicht vollständig zerfallen.

5. Die Hähnchenbrüste auf einen Teller legen und warm halten.

6. Maisstärke und kaltes Wasser in einer Tasse oder kleinen Schüssel vermischen. Rühren, bis alles glatt ist.

7. Erhöhen Sie die Hitze des Slow Cookers auf eine hohe Stufe und rühren Sie die Maisstärkemischung ein. Etwa 10 Minuten kochen lassen, bis es eingedickt ist.

8. Oder geben Sie die Flüssigkeit in einen Topf und bringen Sie sie zum Kochen. Die Maisstärkemischung einrühren und unter Rühren ein bis zwei Minuten kochen lassen, bis die Soße eingedickt ist.

9. Nach Belieben mit geschnittenen Frühlingszwiebeln oder gehacktem Koriander garniert servieren.

10. Variationen

11. Verwenden Sie Hähnchenschenkel mit Knochen oder anstelle der Hähnchenoberseite. Vor dem Kochen die Haut entfernen.

12. Verwenden Sie statt Hähnchenkeulen 6 bis 8 ganze Hähnchenschenkel ohne Haut.

Rezept für Crockpot-Hühnerfrikassee

Rohmaterial

- 1 Dose Hühnercremesuppe, fettreduziert oder Healthy Request
- 1/4 Tasse Wasser
- 1/2 Tasse gehackte Zwiebel
- 1 TL gemahlener Paprika
- 1 Teelöffel Zitronensaft
- 1 Teelöffel getrockneter Rosmarin, zerstoßen
- 1 Teelöffel Thymian
- 1 TL Petersilienflocken
- 1 Teelöffel Salz
- 1/4 TL Pfeffer
- 4 Hähnchenbrusthälften ohne Knochen, ohne Haut
- Antihaft-Kochspray
- Schnittlauchbrötchen
- 3 Esslöffel Backfett
- 1 1/2 Tassen Mehl
- 2 TL. Backpulver
- 3/4 TL. Salz
- 3 Esslöffel frisch gehackter Schnittlauch oder Petersilie

- 3/4 Tasse Magermilch

VORBEREITUNG

1. Sprühen Sie den Slow Cooker mit Antihaft-Kochspray ein. Legen Sie das Huhn in den Slow Cooker.

2. Suppe, Wasser, Zwiebel, Paprika, Zitronensaft, Rosmarin, Thymian, Petersilie, 1 Teelöffel Salz und Pfeffer vermischen; über das Huhn gießen. Abdecken und 6 bis 7 Stunden auf NIEDRIGER Stufe garen. Bereiten Sie eine Stunde vor dem Servieren die Knödel zu (siehe unten).

3. Bälle:

4. Mit einem Teigmixer oder Gabeln die trockenen Zutaten und das Backfett vermischen, bis die Mischung einer groben Mahlzeit ähnelt.

5. Schnittlauch oder Petersilie und Milch hinzufügen; Mischen, bis alles gut vermischt ist. Geben Sie einen Teelöffel auf das heiße Hähnchen und die Soße. Abdecken und auf HIGH noch etwa 25 Minuten weitergaren, bis die Brötchen gar sind. Mit Kartoffelpüree oder Nudeln zusammen mit Gemüse oder Salat servieren.

Crockpot-Hähnchen-Reuben-Auflauf

Rohmaterial

- 2 Beutel (je 16 Unzen) Sauerkraut, abgespült und abgetropft

- 1 Tasse leichtes oder kalorienarmes russisches Salatdressing, aufgeteilt

- 6 Hähnchenbrustfilets ohne Knochen und Haut

- 1 Esslöffel zubereiteter Senf

- 4 bis 6 Scheiben Schweizer Käse

- frische Petersilie, zum Garnieren, optional

VORBEREITUNG

1. Geben Sie die Hälfte des Sauerkrauts in einen elektrischen Slow Cooker mit 3 1/2 Liter Fassungsvermögen. Etwa 1/3 Tasse des Dressings darüber träufeln. 3 Hähnchenbrusthälften darauf legen und den Senf über das Hähnchen verteilen. Restliches Sauerkraut und Hähnchenbrust darauflegen. Eine weitere 1/3 Tasse Dressing über den Auflauf träufeln. Das restliche Dressing bis zum Servieren kühl stellen. Abdecken und auf niedriger Stufe etwa 3 1/2 bis 4 Stunden garen, oder bis das Hähnchen weiß und zart ist.

2. Zum Servieren den Auflauf auf 6 Teller verteilen. Jeweils eine Scheibe Käse darauflegen und mit ein paar Teelöffeln russischem Dressing beträufeln. Sofort servieren, nach Belieben mit frischer Petersilie garniert.

3. Für 6 Personen.

Crockpot-Hähnchen mit Artischockenherzen

Rohmaterial

- 1 1/2 bis 2 Pfund Hähnchenbrusthälften ohne Knochen, ohne Haut
- 8 Unzen geschnittene frische Pilze
- 1 Dose (14,5 Unzen) gewürfelte Tomaten
- 1 Packung gefrorene Artischocken, 8 bis 12 Unzen
- 1 Tasse Hühnerbrühe
- 1/2 Tasse gehackte Zwiebel
- 1 Dose (3 bis 4 Unzen) in Scheiben geschnittene reife Oliven
- 1/4 Tasse trockener Weißwein oder Hühnerbrühe
- 3 Esslöffel schnell gekochte Tapioka
- 2 Teelöffel Currypulver oder nach Geschmack
- 3/4 Teelöffel getrockneter Thymian, zerstoßen
- 1/4 Teelöffel Salz
- 1/4 TL Pfeffer
- 4 Tassen heißer gekochter Reis

VORBEREITUNG

1. Hähnchen abspülen; trocknen und beiseite stellen. Kombinieren Sie in einem 3 1/2 bis 5 Liter fassenden Slow Cooker Pilze, Tomaten, Artischockenherzen, Hühnerbrühe,

gehackte Zwiebeln, geschnittene Oliven und Wein. Tapioka, Currypulver, Thymian, Salz und Pfeffer unterrühren. Hähnchen in den Crockpot geben; Gießen Sie etwas Tomatenmischung über das Huhn.

2. Abdecken und 7 bis 8 Stunden auf NIEDRIG oder 3 1/2 bis 4 Stunden auf HOCH kochen. Mit heißem gekochtem Reis servieren.

3. Ergibt 6 bis 8 Portionen.

Crockpot-Hähnchen mit Dijon-Senf

Rohmaterial

- 4 bis 6 Hähnchenbrusthälften ohne Knochen
- 2 Esslöffel Dijon-Senf
- 1 Dose 98 % fettfreie Pilzsuppe
- 2 Teelöffel Maisstärke
- Schwarzer Pfeffer

VORBEREITUNG

1. Legen Sie die Hähnchenbrüste in den Slow-Cooker-Einsatz.

2. Die restlichen Zutaten vermischen und über das Hähnchen gießen.

3. Abdecken und bei niedriger Temperatur 6 bis 8 Stunden garen.

Crockpot-Hähnchen mit Reis

Rohmaterial

- 4 bis 6 Hähnchenbrusthälften ohne Knochen, ohne Haut

- 1 Dose (10 3/4 Unzen) dicke Pilzcremesuppe oder Hühnercremesuppe

- 1/2 Tasse Wasser

- 3/4 Tasse verarbeiteter Reis, ungekocht

- 1 1/2 Tassen Hühnerbrühe

- 1 bis 2 Tassen gefrorene grüne Bohnen, aufgetaut

VORBEREITUNG

1. Hähnchenbrust in den Crock Pot geben. Pilzcremesuppe und 1/2 Tasse Wasser hinzufügen.

2. 3/4 Tasse Reis und Hühnerbrühe hinzufügen.

3. Grüne Bohnen hinzufügen.

4. Abdecken und 6 Stunden lang auf NIEDRIGER Stufe garen, oder bis das Huhn gar und der Reis zart ist.

Für 4 bis 6 Personen.

Crockpot-Hähnchen mit Tomaten

Rohmaterial

- 4 bis 6 Hähnchenbrusthälften

- 2 grüne Paprika, in Scheiben geschnitten

- 1 Dose gehackte gekochte Tomaten

- 1/2 kleine Flasche italienisches Dressing (auf Wunsch fettarm)

VORBEREITUNG

1. Hähnchenbrust, grüne Paprika, gekochte Tomaten und italienisches Dressing in den Slow Cooker oder Crockpot geben und den ganzen Tag (6 bis 8 Stunden) auf niedriger Stufe garen.

2. Dieses Rezept für geschmortes Tomaten-Hähnchen, das Myron in Florida geteilt hat

Crockpot-Cola-Hähnchen

Rohmaterial

- 1 ganzes Huhn, etwa 3 Pfund

- 1 Tasse Ketchup

- 1 große Zwiebel, in dünne Scheiben geschnitten

- 1 Tasse Cola, Cola, Pepsi, Dr. Pipar usw.

VORBEREITUNG

1. Das Hähnchen waschen und trocknen. Salz und Pfeffer nach Geschmack. Legen Sie das Hähnchen mit der Zwiebel darauf in den Crock Pot. Cola und Ketchup hinzufügen und 6 bis 8 Stunden auf **NIEDRIGER** Stufe kochen. Genießen!

2. Gepostet von Molly

Kreolisches Crockpot-Huhn

Rohmaterial

- 1 Pfund Hähnchenschenkel ohne Knochen, ohne Haut, in 2,5 cm große Stücke geschnitten

- 1 Dose (14,5 Unzen) Tomaten mit Saft

- 1 1/2 Tassen Hühnerbrühe

- 8 Unzen vollständig gekochte geräucherte Wurst, in Scheiben geschnitten

- 1/2 bis 1 Tasse gewürfelter gekochter Schinken

- 1 Tasse gehackte Zwiebel

- 1 Dose (6 Unzen) Tomatenmark

- 1/4 Tasse Wasser

- 1 1/2 Teelöffel kreolisches Gewürz

- ein paar Spritzer Tabasco-Sauce oder andere scharfe Pfeffersauce

- 2 Tassen Reis, ungekocht•

- 1 Tasse gehackte grüne Paprika

VORBEREITUNG

1. Hühnchen, Tomaten, Brühe, Wurst, Schinken, Zwiebeln, Tomatenmark, Wasser, Gewürze und Tabasco-Sauce im Slow Cooker vermischen. Abdecken und 5 bis 6 Stunden auf NIEDRIGER Stufe garen.

2. Reis und grünen Pfeffer in den Schmortopf geben und weitere 10 Minuten garen, oder bis der Reis zart ist und die meiste Flüssigkeit aufgesogen ist.

3. Falls gewünscht, 1 1/2 Tassen einfachen Langkornreis kochen und mit der Hühnermischung servieren.

4. Für 6 Personen.

Crockpot-Kräuterhähnchen mit Füllung

Rohmaterial

- 1 Dose (10 1/2 Unzen) Hühnercreme mit Kräutersuppe
- 1 Dose (10 1/2 Unzen) Selleriecreme oder Hühnercremesuppe
- 1/2 Tasse trockener Weißwein oder Hühnerbrühe
- 1 TL getrocknete Petersilienflocken
- 1 Teelöffel getrocknete Thymianblätter, zerstoßen
- 1/2 Teelöffel Salz
- Prise schwarzer Pfeffer
- 2 bis 2 1/2 Tassen gewürzte Krümelfüllung, etwa 6 Unzen, aufgeteilt
- 4 Esslöffel Butter, geteilt
- 6 bis 8 Hähnchenbrusthälften ohne Knochen und ohne Haut

VORBEREITUNG

1.

2. Suppen, Wein oder Brühe, Petersilie, Thymian, Salz und Pfeffer vermischen.

3. Das Hähnchen waschen und trocknen.

4. Fetten Sie einen 5 bis 7 Liter fassenden rechten Herdeinsatz leicht ein.

5. Streuen Sie etwa eine halbe Tasse der Füllungskrümel über den Boden des Herdes und träufeln Sie etwa 1 Esslöffel Butter darüber.

6. Legen Sie die Hälfte des Hähnchens darauf und dann die Hälfte der restlichen Füllwürfel. Die Hälfte der restlichen Butter hinzufügen und die Hälfte der Suppenmischung darübergießen.

1. Wiederholen Sie den Vorgang mit dem restlichen Hühnchen, der Krümelfüllung, der Butter und der Suppenmischung.

2. Abdecken und auf niedriger Stufe 5 bis 7 Stunden garen, oder bis das Hähnchen gar ist.

Für 6 bis 8 Personen.

Crockpot-Kräuterhähnchen mit Füllung

Rohmaterial

- 1 Dose (10 1/2 Unzen) Hühnercreme mit Kräutersuppe
- 1 Dose (10 1/2 Unzen) Selleriecreme oder Hühnercremesuppe
- 1/2 Tasse trockener Weißwein oder Hühnerbrühe
- 1 TL getrocknete Petersilienflocken
- 1 Teelöffel getrocknete Thymianblätter, zerstoßen
- 1/2 Teelöffel Salz
- Prise schwarzer Pfeffer
- 2 bis 2 1/2 Tassen gewürzte Krümelfüllung, etwa 6 Unzen, aufgeteilt
- 4 Esslöffel Butter, geteilt
- 6 bis 8 Hähnchenbrusthälften ohne Knochen und ohne Haut

VORBEREITUNG

1. Suppen, Wein oder Brühe, Petersilie, Thymian, Salz und Pfeffer vermischen.

2. Das Hähnchen waschen und trocknen.

3. Fetten Sie einen 5 bis 7 Liter fassenden rechten Herdeinsatz leicht ein.

4. Streuen Sie etwa eine halbe Tasse der Füllungskrümel über den Boden des Herdes und träufeln Sie etwa 1 Esslöffel Butter darüber.

5. Die Hälfte des Hähnchens darauf legen, dann die Hälfte der restlichen Füllwürfel. Die Hälfte der restlichen Butter hinzufügen und die Hälfte der Suppenmischung darübergießen.

1. Wiederholen Sie den Vorgang mit dem restlichen Hühnchen, der Krümelfüllung, der Butter und der Suppenmischung.

2. Abdecken und auf niedriger Stufe 5 bis 7 Stunden garen, oder bis das Hähnchen gar ist.

Für 6 bis 8 Personen.

Crockpot-Hähnchen nach italienischer Art

Rohmaterial

- 4 Pfund Hähnchenstücke
- 3 Esslöffel Olivenöl
- 2 Zwiebeln, in Scheiben geschnitten
- 1 Teelöffel Salz
- 1/2 TL frisch gemahlener Pfeffer
- 2 Selleriestreifen, in kleine Stücke geschnitten
- 2 Tassen gewürfelte Kartoffeln
- 1 Dose (14,5 Unzen) gewürfelte Tomaten, nicht abgetropft
- 1 Teelöffel getrocknete Oreganoblätter
- 1 EL getrocknete Petersilienflocken
- 1 Tasse gefrorene Erbsen, aufgetaut

VORBEREITUNG

1. Die Hähnchenteile in heißem Öl anbraten. Salz, Pfeffer und Zwiebel hinzufügen und weitere 5 Minuten kochen lassen. Sellerie und Kartoffeln auf den Boden des Slow Cookers geben und mit gebräuntem Hähnchenfleisch, Zwiebeln und Tomaten mit Saft, Oregano und Petersilie belegen. Abdecken und bei niedriger Temperatur 6 bis 8 Stunden garen. In den letzten 30 Minuten Erbsen hinzufügen.

2. Für 6 Personen.

Crock Pot Limabohnen mit Hühnchen

Rohmaterial

- 3 bis 4 Pfund Hähnchenstücke

- Salz und Pfeffer

- 1 Esslöffel Pflanzenöl

- 2 große Kartoffeln, in 2,5 cm große Würfel geschnitten

- 1 Packung gefrorene Limabohnen, aufgetaut

- 1 Tasse Hühnerbrühe

- 1/4 Teelöffel getrocknete Thymianblätter, zerstoßen

VORBEREITUNG

1. Das Hähnchen mit Salz und Pfeffer würzen. Öl und Butter in einer großen Pfanne erhitzen; Das Hähnchen anbraten, bis es auf beiden Seiten braun ist. Legen Sie das Huhn mit den restlichen Zutaten in einen Schmortopf. Abdecken und bei niedriger Temperatur 4 bis 6 Stunden garen, bis das Hähnchen zart ist.

2. Für 4 Personen.

Crockpot-Nudel- und Käsegenuss

Rohmaterial

- 1 Glas Alfredo-Sauce
- 1 Dose Healthy Request-Pilzsuppe
- 1 (7 Unzen) Dose Weißer Thunfisch oder Hühnchen, abgetropft, oder übrig gebliebenes gekochtes Hühnchen oder Fleisch verwenden
- 1/4 TL Currypulver
- 1 bis 1 1/2 Tassen gefrorenes gemischtes Gemüse
- 1 1/2 Tassen geriebener Schweizer Käse
- 4 Tassen gekochte Nudeln (Makkaroni, Bänder, Muscheln)

VORBEREITUNG

1. Kombinieren Sie die ersten 5 Zutaten; Abdecken und 4 bis 5 Stunden auf NIEDRIG kochen. In der letzten Stunde Schweizer Käse zur Mischung hinzufügen. Nudeln nach Packungsanweisung kochen; abtropfen lassen und in den Slow Cooker geben. Das passt genauso gut zu gekochtem Hühnchen oder Hühnchen aus der Dose, übrig gebliebenem Schinken oder fügen Sie einfach etwas zusätzliches Gemüse hinzu!

2. Für 4 Personen.

Debbie's Crockpot Chicken and Stuffing

Rohmaterial

- 1 Packung gewürzte Füllmischung, zubereitet

- 4 bis 6 Hähnchenbrusthälften oder Schenkel ohne Knochen, ohne Haut•

- 1 Dose (10 3/4 Unzen) dicke Hühnercremesuppe, unverdünnt

- 1 Dose (3 bis 4 Unzen oder mehr) geschnittene Pilze, abgetropft

VORBEREITUNG

1. Fetten Sie den Boden und die Seiten des Herdeinsatzes ein.

2. Bereiten Sie die abgepackte (oder selbstgemachte) Füllmischung mit Butter und Flüssigkeit gemäß den Anweisungen in der Packung zu.

3. Geben Sie die vorbereitete Füllung auf den Boden des gefetteten Slow Cookers.

4. Die Hähnchenstücke auf die Füllmischung legen. Das Hähnchen darf etwas überlappen, aber versuchen Sie es so anzuordnen, dass es so wenig Überlappung wie möglich hat. Wenn Platz ist, könnten Sie mehr Hühnchen verwenden.

5. Gießen Sie die dicke Hühnersuppe über das Huhn. Sie können auch Pilzcreme oder Selleriecreme verwenden, ganz nach Ihrem Geschmack. Mit den Pilzen belegen. Rühren Sie die Pilze unbedingt etwas um, damit sie mit der Suppe bedeckt sind.

6. Abdecken und bei schwacher Hitze 5 bis 7 Stunden garen.

7. •Hähnchenbrust neigt dazu, nach einer langen Garzeit auszutrocknen, also prüfen Sie sie frühzeitig. Oberschenkel sind fetter als Hähnchenbrust und können daher länger gegart werden.

Chicken Diana a la King

Rohmaterial

- 1 1/2 bis 2 Pfund Hähnchenfilets ohne Knochen

- 1 bis 1 1/2 Tassen mit Streichhölzern geschnittene Karotten

- 1 Bund Frühlingszwiebeln (Frühlingszwiebeln), in 1/2-Zoll-Stücke geschnitten

- 1 Glas Kraft-Pimiento oder Pimiento-Oliven-Schmelzkäse (5 Unzen)

- 1 Dose 98 % fettfreie Hühnercremesuppe

- 2 Esslöffel trockener Sherry (optional)

- Salz und Pfeffer nach Geschmack

VORBEREITUNG

1. Geben Sie alle Zutaten in der angegebenen Reihenfolge in den Slow Cooker/Crock Pot (3 1/2 Liter oder größer). Zum Kombinieren umrühren. Abdecken und bei niedriger Temperatur 7 bis 9 Stunden garen. Mit Reis, Toast oder Crackern servieren.

2. Für 6 bis 8 Personen.

Dilliertes Hähnchen mit Gemüse

Rohmaterial

- 1 bis 1 1/2 Pfund Hähnchenbrust, in 2,5 cm große Stücke geschnitten

- 1 Esslöffel getrocknete gehackte Zwiebel (oder kleine Zwiebel, gehackt)

- 1 Dose normale oder 98 % fettarme Pilzsuppe

- 1 Packung (1 Unze) Pilzsoßenmischung (Hühner- oder Landsoße kann ersetzt werden)

- 1 Tasse Babykarotten

- 1/2 bis 1 Teelöffel Dillkraut

- Mit Salz und Pfeffer abschmecken

- 1 Tasse gefrorene Erbsen

VORBEREITUNG

1. Kombinieren Sie die ersten 7 Zutaten im Slow Cooker/Crock Pot; Abdecken und auf niedriger Stufe 6 bis 8 Stunden garen. In den letzten 30 bis 45 Minuten gefrorene Erbsen hinzufügen. Mit Reis oder Kartoffelpüree servieren.

2. Für 4 Personen.

Don's süß-saures Hühnchen

Rohmaterial

- 2 bis 4 Hähnchenbrustfilets ohne Haut

- 1 große Zwiebel grob gehackt

- 2 Paprika grob gehackt (eine grüne, eine rote)

- 1 Tasse Brokkoli

- 1/2 Tasse Karottenstücke

- 1 große Dose Ananas (abgießen und den Saft AUFBEWAHREN)

- 1/4-1/2 Tasse brauner Zucker (Sie können auch normalen Zucker verwenden)

- Wasser/Wein/weißer Traubensaft/Orangensaft usw. nach Bedarf für zusätzliche Flüssigkeit

- 1 Esslöffel Maisstärke für jede Tasse Flüssigkeit, die Sie erhalten

- Scharfe Soße nach Geschmack, optional

- Salz und Pfeffer nach Geschmack, optional

- Zimt, optional

- Alle, optional

- Nelken, optional

- Currypulver, optional

VORBEREITUNG

1. Hähnchenbrust in einen Slow Cooker oder Schmortopf geben. Fügen Sie die Zwiebeln, Paprika, Brokkoli und Karotten hinzu, bis alles gut vermischt ist und keine Klümpchen im Zucker, in der Flüssigkeit, in den Gewürzen, in der Maisstärke und im Zucker zu sehen sind. Über das Huhn gießen. Wenn nicht genügend Saft vorhanden ist, fügen Sie die gewünschte Flüssigkeit hinzu, um die gewünschte Menge zu erreichen. (Denken Sie daran: Für jede zusätzliche Tasse Flüssigkeit einen weiteren Esslöffel Maisstärke einrühren, bevor Sie sie in den Slow Cooker gießen.)

2. Abdecken und 6 bis 8 Stunden auf NIEDRIGER Stufe garen. Manchmal ändere ich das Rezept, verwende Fruchtcocktail und etwas weniger Zucker, Ananas-, Aprikosen- oder Orangenmarmelade geht auch. (Wenn Sie Kompost verwendet haben, brauchen Sie keine Maisstärke und natürlich auch keinen Zucker. Lassen Sie Ihrer Fantasie freien Lauf. Denken Sie daran, dass süß-sauer eigentlich Fruchtsaft und Essig ist.

Einfaches, käsiges Slow-Cooker-Hähnchen

Rohmaterial

- 6 Hähnchenbrustfilets ohne Knochen und Haut

- Salz und Pfeffer nach Geschmack

- Knoblauchpulver, nach Geschmack

- 2 Dosen dicke Hühnersuppe

- 1 Dose dicke Cheddar-Käsesuppe

VORBEREITUNG

1. Das Hähnchen abspülen und mit Salz, Pfeffer und Knoblauchpulver bestreuen. Unverdünnte Suppe vermischen und im Crock Pot über das Huhn gießen.

2. Abdecken und mindestens 6 bis 8 Stunden kochen lassen.

3. Mit Reis oder Nudeln servieren.

4. Für 6 Personen.

Einfache Huhn Cacciatore

Rohmaterial

- 1 Huhn, in Stücke geschnitten, etwa 3 bis 3 1/2 Pfund
- 1 Glas Spaghettisauce
- gehackte Zwiebel
- geschnittene Pilze
- gehackter grüner Pfeffer
- Salz und Pfeffer
- rote Paprikaflocken

VORBEREITUNG

1. Legen Sie ein ganzes zerteiltes Hähnchen (3 bis 3 1/2 Pfund) in den Slow Cooker/Crock Pot. Gießen Sie ein Glas Spaghettisauce, etwas gehackte Zwiebeln, Pilze und grünen Pfeffer hinein. Salz und Pfeffer nach Geschmack. (Ich verwende auch diese kleinen roten Paprikaflocken.)

2. Den ganzen Tag auf niedriger Stufe kochen (7 bis 9 Stunden). Über Nudeln oder Spaghetti servieren.

Einfache Hühnchen-Nudelsauce

Rohmaterial

- 1 Pfund Hähnchenbrust oder Hähnchenbrust, gewürfelt
- 1 Dose (15 oz) Tomaten, gewürfelt
- 1 kleine Dose (6 oz) Tomatenmark
- 1 Stange Sellerie, in Scheiben geschnitten
- 1/4 Tasse gehackte Zwiebel
- 1/2 Tasse gehackte oder geriebene Karotten, aus der Dose oder gekocht, bis sie gerade weich sind
- 1/2 TL Oregano
- 1/2 Teelöffel Salz
- 1/4 TL Pfeffer
- 1/2 Teelöffel Knoblauchpulver
- eine Prise Zucker oder ein anderes Süßungsmittel (optional oder nach Geschmack)

VORBEREITUNG

1. Alle Zutaten in einem Slow Cooker oder Crockpot vermischen. Abdecken und bei niedriger Temperatur 6 bis 8 Stunden garen. Etwa 30 Minuten vor dem Servieren abschmecken und nachwürzen, ggf. mit etwas Wasser verdünnen. Servieren Sie

dieses einfache Rezept für Hühnchen-Nudelsauce zu Spaghetti, Fettucine oder anderen Nudeln.

2. Dieses einfache Hühnchenrezept reicht für 4 Personen.

Einfaches Hühnchen mit Mandeln

Rohmaterial

- 4 bis 6 Hähnchenbrusthälften, gewaschen, Haut entfernt
- 1 Dose (10 3/4 oz) Hühnercremesuppe
- 1 Esslöffel Zitronensaft
- 1/3 Tasse Mayonnaise
- 1/2 Tasse dünn geschnittener Sellerie
- 1/4 Tasse fein gehackte Zwiebel
- 1/4 Tasse abgetropfter, gehackter Pimiento
- 1/2 Tasse gehobelte oder geschnittene Mandeln
- gehackte frische Petersilie, optional

VORBEREITUNG

1. Hähnchenbrust auf den Boden des Slow Cookers legen. In einer Schüssel Suppe, Zitronensaft, Mayonnaise, Sellerie, Zwiebeln und Pimiento vermischen; über die Hähnchenbrust gießen. Abdecken und bei niedriger Temperatur 5 bis 7 Stunden garen, bis das Hähnchen zart ist (Hähnchenbrusthälften ohne

Knochen brauchen weniger Zeit als Hähnchenbrusthälften mit Knochen). Die Hähnchenbrüste auf einen Teller legen und den Bratensaft darüber löffeln. Nach Belieben mit Mandeln und Petersilie belegen.

2. Mit heißem gekochtem Reis und gedünstetem Brokkoli servieren.

3. Für 4 bis 6 Personen.

Einfaches Crockpot-Cassoulet

Rohmaterial

- 1 Esslöffel natives Olivenöl extra

- 1 große Zwiebel, fein gehackt

- 4 Hähnchenschenkel ohne Knochen und ohne Haut, grob gehackt

- 1/4 Pfund gekochte geräucherte Wurst, wie Kielbasa oder würzige Andouille, gewürfelt

- 3 Knoblauchzehen, gehackt

- 1 Teelöffel getrocknete Thymianblätter

- 1/2 TL schwarzer Pfeffer

- 4 Esslöffel Tomatenmark

- 2 Esslöffel Wasser

- 3 Dosen (je etwa 15 Unzen) große Saubohnen, abgespült und abgetropft

- 3 Esslöffel gehackte frische Petersilie

VORBEREITUNG

1. Olivenöl in einer großen Pfanne bei mittlerer Hitze erhitzen.

2. Zwiebeln in heißes Öl geben und unter Rühren ca. 4 Minuten kochen, bis die Zwiebeln weich sind.

3. Hühnchen, Wurst, Knoblauch, Thymian und Pfeffer unterrühren. 5 bis 8 Minuten kochen, oder bis Hühnchen und Wurst gebräunt sind.

4. Tomatenmark und Wasser einrühren; in einen Slow Cooker geben. Tolle Bohnen aus dem Norden unter die Hühnermischung rühren; Abdecken und 4 bis 6 Stunden auf NIEDRIGER Stufe kochen.

5. Vor dem Servieren das Cassoulet mit gehackter Petersilie bestreuen.

6. Für 6 Personen.

Cindy's Easy Crockpot Chicken Santa Fe

Rohmaterial

- 1 Dose (15 oz) schwarze Bohnen, abgespült und abgetropft

- 2 Dosen (15 oz) Vollkornprodukte, abgetropft

- 1 Tasse dicke und stückige Flaschensalsa, Ihr Favorit

- 5 oder 6 Hähnchenbrusthälften ohne Haut und Knochen (ca. 2 Pfund)

- 1 Tasse geriebener Cheddar-Käse

VORBEREITUNG

1. In einem 3-1/2- bis 5-Liter-Slow-Cooker schwarze Bohnen, Mais und 1/2 Tasse Salsa vermischen.

2. Legen Sie die Hähnchenbrust darauf und gießen Sie dann die restliche halbe Tasse Salsa über das Hähnchen. Abdecken und auf hoher Stufe 2 1/2 bis 3 Stunden garen, oder bis das Hähnchen zart und ganz weiß ist. Nicht zu lange kochen, sonst wird das Hähnchen trocken.

3. Mit Käse bestreuen; abdecken und etwa 5 bis 15 Minuten kochen lassen, bis der Käse schmilzt.

4. Für 6 Personen.

Geoff's Easy Fried Chicken mit Soße

Rohmaterial

- 1 Huhn, Steak

- Salz und Pfeffer

VORBEREITUNG

1. Wir putzen das Hähnchen einfach, waschen es und geben es dann in den Topf. Eine Prise Salz hinzufügen und mit Pfeffer bestreuen. Etwa 6 Stunden einwirken lassen.

2. Wenn wir das fertige Produkt herausnehmen, lassen wir den restlichen Saft in einen Becher abtropfen, decken ihn mit Folie ab und stellen ihn für etwa eine halbe Stunde in den Gefrierschrank. Dadurch verfestigt sich das gesamte Fett oben im Becher. Diesen abkratzen und die restliche Brühe zur Soße geben.

Hühnchen mit Ingwer-Ananas

Rohmaterial

• 4 bis 5 Hähnchenbrusthälften ohne Knochen, gewürfelt (ca. 1,9 cm)

• 1 Bund Frühlingszwiebeln, davon ca. 7,5 cm in 1/2 Zoll geschnittenes Grün schneiden

• 1 Dose (8 Unzen) zerkleinerte Ananas, nicht abgetropft

• 1 Esslöffel fein gehackter kristallisierter Ingwer

• 2 Esslöffel Zitronensaft

• 2 Esslöffel Sojasauce (natriumarm)

• 3 Esslöffel brauner Zucker oder Honig

• 1/2 Teelöffel Knoblauchpulver

VORBEREITUNG

1. Alle Zutaten im Slow Cooker vermischen; Abdecken und auf niedriger Stufe 6 bis 8 Stunden garen. Über Reis oder flachen Nudeln servieren.

2. Für 4 Personen.

Griechisches Huhn

Rohmaterial

• 4 bis 6 Hähnchenbrustfilets ohne Haut

• 1 LG. Dose (15 Unzen) Ketchup

- 1 Dose (14,5 Unzen) gewürfelte Tomaten mit Saft
- 1 Dose geschnittene Pilze
- 1 Dose (4 Unzen) in Scheiben geschnittene reife Oliven
- 2 Knoblauchzehen, gehackt
- 1 EL. Zitronensaft
- 1 Teelöffel. getrocknetes Oreganoblatt
- 1/2 Tasse gehackte Zwiebel
- 1/2 c. trockener Weißwein (optional)
- 2 Tassen heißer gekochter Reis
- Salz nach Geschmack

VORBEREITUNG

1. Hähnchen waschen und trocken tupfen. Im auf 350 °C vorgeheizten Ofen etwa 30 Minuten backen. In der Zwischenzeit alle anderen Zutaten (außer Reis) vermischen. Das Hähnchen würfeln und mit der Soße vermischen; Abdecken und auf niedriger Stufe 4 bis 5 Stunden garen. Hähnchen und Soße mit heißem gekochtem Reis servieren.

2. Für 4 bis 6 Personen.

Hawaiianische Trommelstöcke

Rohmaterial

- 12 Hähnchenbrüste

- 1 Tasse Ketchup

- 1 Tasse dunkelbrauner Zucker

- 1/2 Tasse Sojasauce

- geriebener frischer Ingwer, 1 Esslöffel

- ein Spritzer Sesamöl

VORBEREITUNG

1. Abdecken und bei schwacher Hitze ca. 8 Stunden ruhen lassen. Über weißem Reis servieren.

2. Aloha!

3. Chicken Sticks-Rezept geteilt von LeRoy und Nitz Dawg!

Kräuterhähnchen mit Gemüse

Rohmaterial

- 3 bis 4 Pfund Hähnchenstücke

- 1 1/2 bis 2 Tassen gefrorene oder eingemachte und abgetropfte kleine ganze Zwiebeln

- 2 Tassen ganze Babykarotten

- 2 mittelgroße Kartoffeln, in 2,5 cm große Stücke geschnitten

- 1 1/2 Tassen Hühnerbrühe

- 2 mittelgroße Selleriestangen, in 5 cm große Stücke geschnitten

- 2 Scheiben Speck, gewürfelt

- 1 Lorbeerblatt

- 1/4 Teelöffel getrockneter Thymian

- 1/4 TL schwarzer Pfeffer

- 1/4 Tasse gehackte frische Petersilie

- 2 Esslöffel frischer Estragon, gehackt oder 1 Teelöffel getrockneter Estragon

- 1 TL abgeriebene Zitronenschale

- 2 Esslöffel frischer Zitronensaft

- 1/2 Teelöffel Salz oder nach Geschmack

VORBEREITUNG

1. Hühnchen, Zwiebeln, Karotten, Kartoffeln, Brühe, Sellerie, Speck, Lorbeerblatt, Thymian und Pfeffer in einem Slow Cooker vermischen. Auf niedrige Stufe stellen und 8 bis 10 Stunden kochen lassen.

2. Beiseite stellen.

3. Hähnchen und Gemüse mit einem Schaumlöffel in eine warme Schüssel geben. Mit Folie abdecken und warm halten. Überschüssiges Fett abschneiden und wegwerfen. Petersilie, Estragon, Zitronenschale und Zitronensaft unterrühren und mit Salz abschmecken; Über Hühnchen und Gemüse löffeln.

Kräuterhähnchen mit Wildreis

Rohmaterial

• 1 bis 1 1/2 Pfund Hähnchenbrust oder Hähnchenbrust ohne Knochen

• 6 bis 8 Unzen geschnittene Pilze

• 1 Esslöffel Pflanzenöl

• 2 bis 3 Scheiben zerbröselten Speck oder 2 Esslöffel echte Speckstücke

• 1 Teelöffel Butter

• 1 (6 oz.) Schachtel Uncle Ben's (Hühnergeschmack) Langkorn- und Wildreis

• 1 Dose Hühnercremesuppe, mit Kräutern oder pur

• 1 Tasse Wasser

• 1 Teelöffel gemischte Kräuter, z. B. feine Kräuter oder eine Mischung Ihrer Lieblingskräuter; Petersilie, Thymian, Estragon usw.

VORBEREITUNG

1. Hähnchenteile und Pilze in Öl und Butter anbraten, bis das Hähnchen leicht gebräunt ist. Geben Sie den Speck auf den Boden eines 3 1/2 bis 5 Liter fassenden Slow Cookers. Reis über den Speck legen. Bestellen Sie eine Packung Gewürze. Hähnchenbrust auf den Reis legen – bei Verwendung Hähnchenbrust in Streifen oder Würfel schneiden. Gießen Sie die Suppe über das Huhn und fügen Sie dann Wasser hinzu. Mit Gewürzen belegen und mit der Kräutermischung bestreuen. Abdecken und auf niedriger Stufe 5 1/2 bis 6 1/2 Stunden kochen, oder bis der Reis zart (nicht matschig) ist.

2. Für 4 bis 6 Personen.

Hühnchen mit Honig und Ingwer

Rohmaterial

- 3 Pfund Hähnchenbrusthälften ohne Haut
- 1 1/4 Zoll frische Ingwerwurzel, geschält und fein gehackt
- 2 Knoblauchzehen, gehackt
- 1/2 Tasse Sojasauce
- 1/2 Tasse Honig
- 3 Esslöffel trockener Sherry
- 2 Esslöffel Maisstärke gemischt mit 2 Esslöffeln Wasser

VORBEREITUNG

1. Ingwer, Knoblauch, Sojasauce, Honig und Sherry in einer kleinen Schüssel vermischen. Hähnchenstücke in Soße tauchen;

Legen Sie die Hähnchenstücke in einen Slow Cooker. Den Rest der Soße über alles gießen. Abdecken und ca. 6 Stunden auf NIEDRIGER Stufe garen.

2. Nehmen Sie das Hähnchen auf die Kochplatte und gießen Sie die Flüssigkeit in einen Topf oder eine Pfanne. Zum Kochen bringen und 3 bis 4 Minuten weiter köcheln lassen, um die Menge etwas zu reduzieren. Die Maisstärke in die Saucenmischung einrühren.

3. Bei schwacher Hitze kochen, bis es eingedickt ist. Gießen Sie etwas Soße über das Huhn und geben Sie den Rest hinzu.

4. Hähnchen mit heißem Reis servieren.

In Honig gegrilltes Hähnchen mit Süßkartoffeln

Rohmaterial

- 3 Tassen geschälte und in Scheiben geschnittene Süßkartoffeln, etwa 2 mittelgroße Süßkartoffeln

- 1 Dose (8 Unzen) Ananasstücke in Saft, nicht abgetropft

- 1/2 Tasse Hühnerbrühe

- 1/4 Tasse fein gehackte Zwiebel

- 1/2 TL gemahlener Ingwer

- 1/3 Tasse Barbecue-Sauce, Ihre Lieblingssauce

- 2 Esslöffel Honig

- 1/2 TL trockener Senf

- 4 bis 6 Hähnchenbrüste (Keulen mit Schenkeln, Haut entfernt

VORBEREITUNG

1. In einem 3 1/2 bis 5 Liter fassenden Slow Cooker Süßkartoffeln, entsaftete Ananas, Hühnerbrühe, gehackte Zwiebeln und gemahlenen Ingwer vermengen. umrühren, um alles gut zu vermischen. In einer kleinen Schüssel

Barbecuesauce, Honig und trockenen Senf vermischen; umrühren, um alles gut zu vermischen. Das Hähnchen von allen Seiten großzügig mit der Barbecue-Sauce-Mischung bestreichen. Das beschichtete Hähnchen in einer einzigen Schicht auf der Süßkartoffel-Ananas-Mischung anrichten, ggf. überlappend. Gießen Sie die restliche Barbecue-Sauce-Mischung über das Huhn.

2. Abdeckung; 7 bis 9 Stunden auf niedriger Stufe garen oder bis das Hähnchen zart ist, der Saft klar wird und die Süßkartoffeln zart sind.

3. Für 4 bis 6 Personen.

Honig-Hoisin-Huhn

Rohmaterial

- 2 bis 3 Pfund Hähnchenteile (oder ganzes Hähnchen, in Stücke geschnitten)

- 2 Esslöffel Sojasauce

- 2 Esslöffel Hoisinsauce

- 2 Esslöffel Honig

- 2 Esslöffel trockener Weißwein

- 1 Esslöffel geriebene Ingwerwurzel oder 1 Teelöffel gemahlener Ingwer

- 1/8 TL gemahlener schwarzer Pfeffer

- 2 Esslöffel Maisstärke

- 2 Esslöffel Wasser

VORBEREITUNG

1. Das Hähnchen waschen und trocknen; Auf dem Boden des Slow Cookers anordnen.

2. Sojasauce, Hoisinsauce, Honig, Wein, Ingwer und Pfeffer vermischen. Soße über das Hähnchen gießen.

3. Abdecken und auf niedriger Stufe etwa 5 1/2 bis 8 Stunden garen, oder bis das Hähnchen zart ist und der Saft klar austritt.

4. Maisstärke und Wasser mischen.

5. Nehmen Sie das Huhn aus dem Slow Cooker. Schalten Sie die Temperatur hoch und fügen Sie die Maisstärke-Wasser-Mischung hinzu.

6. Weiter kochen, bis es eingedickt ist, und das Huhn zum Erhitzen zurück in den Slow Cooker geben.

Hähnchen nach italienischer Art

Rohmaterial

- 4 Hähnchenbrüste, ohne Knochen, in Stücke geschnitten
- 1 - 16 oz. Dose Tomaten, gehackt
- 1 große grüne Paprika, gewürfelt
- 1 kleine Kochzwiebel, gewürfelt
- 1 mittelgroßer Selleriestreifen, gewürfelt
- 1 mittelgroße Karotte, geschält und gewürfelt
- 1 Lorbeerblatt
- 1 Teelöffel getrockneter Oregano
- 1 Teelöffel getrocknetes Basilikum
- 1/2 Teelöffel getrockneter Thymian, optional
- 2 Knoblauchzehen, gehackt; ODER 2 TL. Knoblauchpulver
- 1/2 Teelöffel Salz
- 1/2 TL rote Paprikaflocken oder nach Geschmack
- 1/2 Tasse geriebener Parmesan oder Romano-Käse

VORBEREITUNG

1. Alle Zutaten außer dem geriebenen Käse in einem Slow Cooker vermischen.

2. Abdecken und bei schwacher Hitze 6 bis 8 Stunden garen. Vor dem Servieren das Lorbeerblatt entfernen und mit geriebenem Käse bestreuen.

3. Passt gut zu Reis oder Nudeln.

Italienisches Crockpot-Huhn

Rohmaterial

- 1 Pfund Hähnchenschenkel ohne Knochen, Haut entfernt, oder 4 Hähnchenschenkel, Haut entfernt

- 1/2 Tasse gehackte Zwiebel

- 1/2 Tasse reife, geschnittene Oliven

- 1 Dose (14,5 oz) gewürfelte Tomaten, nicht abgetropft

- 1 Teelöffel getrocknete Oreganoblätter

- 1/2 Teelöffel Salz

- 1/2 Teelöffel getrockneter Rosmarin, zerstoßen

- Schneiden Sie ein getrocknetes Thymianblatt ab

- 1/4 Teelöffel Knoblauchpulver

- 1/4 Tasse kaltes Wasser oder Hühnerbrühe

- 1 Esslöffel Maisstärke

VORBEREITUNG

1. Geben Sie das Huhn in einen Slow Cooker mit 3 1/2 bis 5 Liter Fassungsvermögen. Mit gehackten Zwiebeln und geschnittenen Oliven belegen. Tomaten mit Oregano, Salz, Rosmarin, Thymian und Knoblauchpulver vermischen. Die Tomatenmischung über das Hähnchen gießen. Abdecken und auf niedriger Stufe 7 bis 9 Stunden garen, oder bis das Huhn zart ist und der Saft klar austritt. Hähnchen und Gemüse mit einem Löffel auf einen

warmen Teller geben. Mit Folie abdecken und warm halten. Stellen Sie den Crockpot auf HOCH.

2. Mischen Sie in einer Tasse oder einer kleinen Schüssel Wasser oder Brühe und Maisstärke. glatt rühren. Flüssigkeit im Crockpot einrühren. Abdecken und kochen, bis es eingedickt ist. Zum Hühnchen dicke Soße servieren.

3. Server 4.

Italienisches Hähnchen mit Spaghetti, Slow Cooker

Rohmaterial

- 1 Dose (8 Unzen) Ketchup

- 6 bis 8 Hähnchenbrusthälften ohne Knochen, ohne Haut

- 1 Dose (6 Unzen) Tomatenmark

- 3 Esslöffel Wasser

- 3 mittelgroße Knoblauchzehen, gehackt

- 2 Teelöffel getrocknete Oreganoblätter, zerstoßen

- 1 Teelöffel Zucker oder nach Geschmack

- heiße gekochte Spaghetti

- 4 Unzen geriebener Mozzarella-Käse

- geriebener Parmesankäse

VORBEREITUNG

1. Bei Bedarf das Hähnchen in heißem Öl anbraten; Abfluss Großzügig mit Salz und Pfeffer bestreuen. Ordnen Sie das Huhn in einem Slow Cooker an. Ketchup, Tomatenmark, Wasser, Knoblauch, Oregano und Zucker mischen; über das Huhn gießen. Abdecken und 6 bis 8 Stunden auf

NIEDRIGER Stufe garen. Das Hähnchen herausnehmen und warm stellen. Stellen Sie den Herd auf hohe Hitze und rühren Sie den Mozzarella-Käse in die Sauce. Ohne Deckel kochen, bis der Käse schmilzt und die Sauce durchgewärmt ist.
2. Hähnchen und Soße über heißen, gekochten Spaghetti servieren. Mit Parmesankäse servieren.
3. Für 6 bis 8 Personen.

Leichter Chicken Stroganoff

Rohmaterial

-
- 1 Tasse fettfreie saure Sahne
- 1 Esslöffel Gold Metal Allzweckmehl
- 1 Umschlag Hühnersoßenmischung (ca. 1 Unze)
- 1 Tasse Wasser
- 1 Pfund Hähnchenbrust ohne Knochen und ohne Haut, in 2,5 cm große Stücke geschnitten
- 16 Unzen gefrorene kalifornische Grünmischung, aufgetaut
- 1 Tasse geschnittene Champignons, gebraten
- 1 Tasse gefrorene Erbsen
- 10 Unzen Kartoffeln, geschält und in 1-Zoll-Stücke geschnitten, etwa 2 mittelgroße Kartoffeln
- 1 1/2 Tassen Bisquick-Backmischung
- 4 Frühlingszwiebeln, gehackt (1/3 Tasse)
-
- 1/2 Tasse 1 % Magermilch

VORBEREITUNG

1. In einem 3 1/2 bis 5 Liter fassenden Schmortopf Sauerrahm, Mehl, Soßenmischung und Wasser glatt rühren. Hähnchen, Gemüse und Pilze

unterrühren. Abdecken und bei niedriger Temperatur 4 Stunden garen, bis das Hähnchen zart und die Soße dickflüssig ist. Zusammenrühren. Backmischung und Zwiebeln vermischen. Rühren Sie die Milch um, bis sie feucht ist. Den Teig mit abgerundeten Esslöffeln auf die Hähnchen-Gemüse-Mischung geben. Abdecken und auf höchster Stufe 45 bis 50 Minuten kochen lassen oder bis ein Zahnstocher, der in die Mitte der Knödel gesteckt wird, sauber herauskommt.
2. 4 Portionen sofort servieren.

Lilly's Slow Cooker Hühnchen mit Käsesauce

Rohmaterial

- 6 Hähnchenbrusthälften ohne Knochen und Haut
- 2 Dosen Hühnercremesuppe
- 1 Dose Käsesuppe
- Salz, Pfeffer, Knoblauchpulver nach Geschmack

VORBEREITUNG

1. Hähnchenbrust mit Knoblauchpulver, Salz und Pfeffer bestreuen.
2. Legen Sie 3 Hähnchenbrüste in einen Slow Cooker. Alle Suppen vermengen; Die Hälfte der Suppe über die ersten 3 Hähnchenbrüste gießen.
3. Die anderen 3 Hähnchenbrüste darauf legen. Den Rest der Suppe darübergießen.
4. Abdecken und 6 bis 8 Stunden auf NIEDRIGER Stufe garen.

Hähnchenbrust nach mexikanischer Art

Rohmaterial

- 2 Esslöffel Pflanzenöl
- 3 bis 4 Hähnchenbrusthälften ohne Knochen, ohne Haut, in 2,5 cm große Stücke geschnitten
- 1/2 Tasse gehackte Zwiebel
- 1 grüne Paprika (oder rote Paprika verwenden)
- 1 bis 2 kleine Jalapenopfeffer, fein gehackt
- 3 Knoblauchzehen, gehackt
- 1 Dose (4 Unzen) milde Chilischoten, gehackt
- 1 Dose (14 1/2 Unzen) gewürfelte mexikanische oder Chili-Tomaten oder über dem Feuer geröstete Tomaten
- 1 Teelöffel getrocknete Oreganoblätter
- 1/4 Teelöffel gemahlener Kreuzkümmel
- geriebener mexikanischer Mischkäse
- Salsa
-

Optionale Dekorationen

- Sauerrahm
- Guacamole
- gehackte Frühlingszwiebel
- gehackte Tomaten

- zerkleinerter Salat

- in Scheiben geschnittene reife Oliven

-

Koriander

VORBEREITUNG
1. Öl in einer großen Pfanne bei mittlerer Hitze erhitzen. Gebräunte Hähnchenbrust. Herausnehmen und abtropfen lassen.
2. Zwiebeln, grüne Paprika, Knoblauch und Jalapenopfeffer in derselben Pfanne anbraten, bis sie weich sind.
3. Geben Sie die Hähnchenbrust-Zwiebel-Mischung in den Slow Cooker.
4. Geben Sie milde Chilischoten, Tomaten, Oregano und Kreuzkümmel in den Slow Cooker. Zum Kombinieren umrühren.

5. Abdecken und 6 bis 8 Stunden auf NIEDRIGER Stufe (3 bis 4 Stunden auf HOCH) garen.
6. Mit warmen Mehl-Tortillas, geriebenem Käse und Salsa sowie Ihren Lieblingszutaten und -gewürzen servieren.
7. Guacamole oder Sauerrahm ergeben eine schöne Beilage mit geschnittenen Frühlingszwiebeln oder geschnittenen Tomaten.

Paulas Hühnchen mit Lauch

Rohmaterial

- 3 bis 4 Pfund Hühnerteile, Knochen
- 4 bis 6 Kartoffeln, etwa 1/4 Zoll dick in Scheiben geschnitten
- 1 Päckchen Lauchsuppenmischung
- 1 dünn geschnittener Lauch oder 4 geschnittene Frühlingszwiebeln
- 1/2 bis 1 Tasse Wasser
- Paprika
- Gewürze •

VORBEREITUNG

1. Legen Sie die Kartoffeln auf den Boden eines Slow Cookers/Crock Pot, belegen Sie sie mit Zwiebeln oder Lauch und fügen Sie dann das Hühnchen hinzu. (Wenn Sie mehrere Schichten Hühnchen haben möchten, salzen und pfeffern Sie die unteren Schichten beim Einlegen. Würzen Sie die obere Schicht noch nicht.) Mischen Sie die Lauchsuppe mit etwa einer halben Tasse Wasser. über alles gießen. Die oberste Hähnchenschicht würzen. An dieser Stelle streue ich auch Paprika darüber, um ihm etwas Farbe zu verleihen.

- Nach Belieben gehackten Knoblauch und frischen Rosmarin zum Würzen hinzufügen.

6 bis 7 Stunden lang auf niedriger Stufe kochen, bei Bedarf mehr Wasser hinzufügen.

Leckere Jack Daniel's Barbecue Chicken Drumettes

Rohmaterial

- 5 bis 6 Pfund Hähnchenkeulen
- 1 Tasse Allzweckmehl
- 1 Teelöffel Salz
- 1/2 TL gemahlener schwarzer Pfeffer
-

Barbecue Soße

- 1 1/2 Tassen Ketchup
- 4 Esslöffel Butter
- 1/2 Tasse Jack Daniels oder anderer Qualitätswhisky
- 5 Esslöffel brauner Zucker
- 3 Esslöffel Melasse
- 3 Esslöffel Apfelessig
- 2 Esslöffel Worcestershire-Sauce
- 1 Esslöffel Sojasauce
- 4 Teelöffel Dijon-Senf oder Gourmet-Senf
- 2 TL Flüssigrauch
- 1 1/2 TL Zwiebelpulver
- 1 Teelöffel Knoblauchpulver
- 1 Esslöffel Sriracha oder mehr nach Geschmack (kann durch etwa 1 Teelöffel Cayennepfeffer ersetzt werden)

- 1/2 Teelöffel gemahlener schwarzer Pfeffer

VORBEREITUNG
1. 2 Backbleche mit Aluminiumfolie auslegen; Mit Antihaft-Kochspray einsprühen. Ofen auf 425° vorheizen.
2. Die Drumettes mit einer Mischung aus Mehl, 1 Teelöffel Salz und 1/2 Teelöffel Pfeffer vermengen.
3. Auf den Backblechen verteilen und 20 Minuten backen. Drehen Sie die Fässer um und stellen Sie sie wieder in den Ofen. 20 Minuten länger backen oder bis es schön gebräunt ist.

4. In der Zwischenzeit alle Saucenzutaten in einen mittelgroßen Topf geben; Gut vermischen und bei mittlerer Hitze zum Kochen bringen.
5. Die Hitze reduzieren und 5 Minuten köcheln lassen.
6. Geben Sie die Keulen in eine Schüssel oder einen Slow-Cooker-Einsatz (wenn Sie sie für eine Party warm halten möchten). Etwa die Hälfte der Barbecue-Sauce unterrühren. Sofort mit der Sauce servieren oder den Slow Cooker auf NIEDRIG stellen, um sie warm zu halten. Wenn Sie die Sauce nicht sofort servieren, stellen Sie die restliche Sauce bis zum Servieren in den Kühlschrank.
7. Die Keulen heiß mit der Dip-Sauce servieren. Halten Sie ausreichend Servietten bereit.
8. Dieses Rezept ergibt etwa drei Dutzend Stücke, genug für 6 bis 8 Personen als Vorspeise.

Sherris Hühnchen und Knödel

Rohmaterial

- 4 Hähnchenbrusthälften

- 2 Dosen Hühnerbrühe (3 1/2 Tassen)

- 1 Tasse Wasser

- 3 gewürfelte Kichererbsen oder eine ähnliche Basis oder Körnung

- 1 kleine Karotte, gehackt

- 1 kleiner Sellerie, gehackt

- 1/2 Tasse gehackte Zwiebel

-

12 große Mehl-Tortillas

VORBEREITUNG

1. Alle Zutaten außer Tortillas im Slow Cooker vermischen. Mindestens 8 bis 10 Stunden kochen

lassen. Nehmen Sie das Huhn heraus, lösen Sie das Fleisch von den Knochen und stellen Sie die Brühe in einen großen Topf auf den Herd. Das Hähnchen in mundgerechte Stücke schneiden und die Brühe wieder auf den Herd stellen. Langsam zum Kochen bringen.
2. Tortillas halbieren und dann in 2,5 cm dicke Streifen schneiden. Die Linsen in die Brühe geben und unter gelegentlichem Rühren 15 bis 20 Minuten leicht köcheln lassen. Die Brühe sollte eindicken, aber wenn sie zu dünn ist, mischen Sie 1 EL Maisstärke mit gerade so viel Wasser, dass sie sich auflöst, und rühren Sie sie in die Brühe.
3. Weitere 5 bis 10 Minuten kochen lassen.
4. Für 4 Personen.

Einfacher Slow Cooker-Hühnergrill

Rohmaterial

-
- 3 Hähnchenbrusthälften ohne Knochen
- 1 1/2 Tassen würzige Barbecue-Sauce Ihrer Wahl, plus mehr zum Servieren
- 1 mittelgroße Zwiebel, in Scheiben oder gehackt
- getoastete Brötchen
-
- Kohl, zum Servieren

VORBEREITUNG

1. Die Hähnchenbrüste waschen und trocknen. Mit 1 1/2 Tassen Barbecuesauce und der Zwiebel in einen Slow Cooker geben. Umrühren, um das Huhn zu bedecken. Abdecken und 3 Stunden auf HOCH kochen.
2. Die Hähnchenbrust auf einen Teller legen und reiben oder hacken. Geben Sie das zerkleinerte Hähnchen wieder in die Soße im Slow Cooker. Zum Kombinieren umrühren. Abdecken und weitere 10 Minuten kochen lassen.
3. Servieren Sie das zerkleinerte Hähnchen auf gerösteten Brötchen mit Krautsalat und extra Barbecue-Sauce.
4. Für 4 bis 6 Personen.

Gehacktes Dijon-Huhn

Rohmaterial

-
- 1 bis 2 Pfund Hähnchenbrust
- 1 Dose dicke Hühnersuppe, unverdünnt (10 1/2 Unzen)
- 2 Esslöffel purer oder körniger Dijon-Senf
- 1 Esslöffel Maisstärke
- 1/2 Tasse Wasser
- Pfeffer nach Geschmack
- 1 Teelöffel getrocknete Petersilienflocken oder 1 Esslöffel frisch gehackte Petersilie

VORBEREITUNG

1. Das Hähnchen waschen und trocken tupfen; Im Slow Cooker anrichten. Die Suppe mit Senf und Maisstärke vermischen; Wasser hinzufügen und umrühren. Petersilie und Pfeffer unterrühren. Gießen Sie die Mischung über das Huhn. Abdecken und 6 bis 7 Stunden auf NIEDRIGER Stufe garen. Mit heißem gekochtem Reis und zusätzlichem Gemüse servieren.
2. Das Chicken-Dijon-Rezept reicht für 4 bis 6 Personen.

Slow Cooker Grillhähnchen

Rohmaterial

- 3 bis 4 Pfund Hähnchenstücke
- 1 große Zwiebel, grob gehackt
- 1 Flasche Barbecue-Sauce

VORBEREITUNG

1. Legen Sie das Huhn auf den Boden eines Slow Cookers oder Schmortopfs und fügen Sie Zwiebeln und Barbecue-Sauce hinzu. Etwa 6 bis 8 Stunden lang auf NIEDRIGER Stufe garen, oder bis das Hähnchen zart ist, aber nicht auseinanderfällt.
2. Für 4 bis 6 Personen.

Gegrillte Hähnchenschenkel im Slow Cooker

Rohmaterial

-
- 1/2 Tasse Mehl

-
- 1/2 TL Knoblauchpulver

-
- 1 Teelöffel trockener Senf

-
- 1 Teelöffel Salz

-
- 1/4 TL Pfeffer

-
- 8 Hähnchenschenkel

-
- 2 Esslöffel Pflanzenöl

-
- 1 Tasse dicke Barbecue-Sauce

VORBEREITUNG
1. Mehl, Knoblauchpulver, Senf, Salz und Pfeffer in einen Lebensmittelbeutel geben. Fügen Sie jeweils ein paar Hühnchenstücke hinzu und vermengen Sie es gut, bis es gut bedeckt ist. Öl in einer großen Pfanne erhitzen; Hähnchen dazugeben und von

allen Seiten anbraten. Geben Sie die Hälfte der Barbecue-Sauce in einen Schmortopf. Fügen Sie das Huhn hinzu und fügen Sie dann die restliche Sauce hinzu. 6 bis 7 Stunden auf niedriger Stufe kochen, oder bis das Huhn zart ist und der Saft klar wird.
2. Für 4 bis 6 Personen.

Slow-Cooker-Hühnchen-Wurst-Nudelsauce

Rohmaterial

- 1 Esslöffel Olivenöl

- 4 Knoblauchzehen, zerdrückt

- 1/2 Tasse gehackte Zwiebel

- 1 rote Paprika, gehackt

- 1 grüne Paprika, gehackt

- 1 kleine Zucchini, gehackt

- 1 Dose (4 Unzen) Pilze

- 1 Dose geröstete Tomaten, italienische Gewürze

- 1 Dose (6 Unzen) Tomatenmark

- 3 süße italienische Würstchen

- 4 Hähnchenbrusthälften ohne Knochen, in Streifen geschnitten

- 1 Teelöffel italienisches Gewürz•

- Rote Paprikaflocken, nach Geschmack, optional

VORBEREITUNG

1. Öl in einer Pfanne erhitzen. Zwiebel und Knoblauch anbraten, bis sie hellbraun sind. Entfernen.
2. Würstchen hinzufügen; von allen Seiten braun. Fügen Sie das Huhn hinzu und kochen Sie es, bis es braun ist. Überschüssiges Fett abtropfen lassen. Schneiden Sie die Wurst in 2,5 cm große Stücke. In

einem Slow Cooker alle restlichen Zutaten mit der Zwiebel und dem Knoblauch vermischen. Die Wurst dazugeben und mit den Hähnchenstreifen belegen. Abdecken und auf niedriger Stufe 4 bis 6 Stunden garen, bis das Hähnchen zart, aber nicht trocken ist.
3. Servieren Sie diese leckere Sauce zu warmen, gekochten Nudeln.
4. Für 4 Personen.

Slow Cooker Hühnchen-Curry

Rohmaterial

- 2 ganze Hähnchenbrüste, ohne Knochen und gewürfelt
- 1 Dose Hühnercremesuppe
- 1/4 Tasse trockener Sherry
- 2 EL. Butter oder Margarine
- 2 Frühlingszwiebeln mit Spitzen, fein gehackt
- 1/4 TL. Curry Pulver
- 1 Teelöffel. Salz
- Kein Pfeffer mehr
-

heiß gekochter Reis

VORBEREITUNG

1. Legen Sie das Huhn in den Schmortopf. Alle restlichen Zutaten außer Reis hinzufügen. Abdecken und 4 bis 6 Stunden auf NIEDRIG oder 2 bis 3 Stunden auf HOCH kochen. Über heißem Reis servieren.

Slow Cooker Hühnchen-Curry mit Reis

Rohmaterial

- 4 Hähnchenbrüste ohne Knochen und Haut, in 2,5 cm dicke Streifen oder Stücke geschnitten
- 2 große Zwiebeln, geviertelt und in dünne Scheiben geschnitten
- 3 Knoblauchzehen, gehackt
- 1 EL Sojasauce oder Tamari
- 1 TL Madras-Currypulver
- 2 Teelöffel Chilipulver
- 1 Teelöffel Kurkuma
- 1 Teelöffel gemahlener Ingwer
- 1/3 Tasse Hühnerbrühe oder Wasser
- Salz und frisch gemahlener schwarzer Pfeffer nach Geschmack
- heiß gekochter Reis

VORBEREITUNG

1. Alle Zutaten außer Reis im Slow Cooker oder Crock Pot vermischen.
2. Abdecken und bei niedriger Temperatur 6 bis 8 Stunden garen, oder bis das Hähnchen zart ist.

3. Abschmecken und nach Bedarf mit Salz und Pfeffer würzen.
4. Über Reis oder Nudeln servieren

Hühnchen-Enchiladas aus dem Slow Cooker

Rohmaterial

-
- 3 Tassen gewürfeltes gekochtes Hühnchen
- 3 Tassen geriebener mexikanischer Mischkäse mit Paprika, geteilt
- 1 Dose (4,5 Unzen) gehackte grüne Chilis
- 1/4 Tasse gehackter frischer Koriander
- 1 1/2 Tassen saure Sahne, geteilt
- 8 Mehl-Tortillas (8 Zoll)
- 1 Tasse Tomatensalsa
- Empfohlene Beilage: gewürfelte Tomaten, geschnittene Frühlingszwiebeln, reife Oliven, Jalapeño-Ringe, gehackter frischer Koriander

VORBEREITUNG
1. Fetten Sie die Auflaufform eines 4- bis 6-Liter-Slowcookers leicht ein.
2. Kombinieren Sie in einer Schüssel gewürfeltes Hühnchen mit 2 Tassen geriebenem Käse, gehackten grünen Chilischoten, 1/4 Tasse gehacktem Koriander und 1/2 Tasse saurer Sahne; umrühren, um die Zutaten zu vermischen.
3. Geben Sie etwas Hühnermischung in die Mitte der Tortillas und verteilen Sie die Mischung gleichmäßig auf alle acht Tortillas. Rollen Sie sie auf und legen Sie sie mit der Naht nach unten in den vorbereiteten Slow Cooker.
4. Stapeln Sie die Tortillas bei Bedarf.
5. In einer kleinen Schüssel Salsa mit der restlichen 1 Tasse Sauerrahm vermischen. Gießen Sie die Mischung über die Tortillas.
6. Abdecken und 4 Stunden auf NIEDRIGER Stufe kochen. Die Tortillas mit dem restlichen geriebenen Käse bestreuen. Abdecken und auf NIEDRIGER Stufe noch etwa 20 bis 30 Minuten garen.
7. Für 4 bis 6 Personen.

Slow Cooker Hühnerfrikassee mit Gemüse

Rohmaterial

- 4 bis 6 Hähnchenbrusthälften ohne Knochen, ohne Haut
- Salz und Pfeffer nach Geschmack
- 2 Esslöffel Butter
- 2 Knoblauchzehen, gehackt
- 3 Esslöffel Allzweckmehl
- 2 Tassen natriumarme Hühnerbrühe
- 1 Teelöffel getrocknete Thymianblätter
- 1/2 Teelöffel getrocknete Estragonblätter
- 3 bis 4 Karotten, in 5 cm große Stücke geschnitten
- 2 Zwiebeln, halbiert, in dicke Scheiben geschnitten
- 2 große Lauchstangen, nur der weiße Teil, gewaschen und gehackt
- 1 Lorbeerblatt
- 1/2 Tasse halb und halb oder helle Sahne
-

1 1/2 Tassen gefrorene Erbsen, aufgetaut

VORBEREITUNG

1. Die Hähnchenbrüste waschen und trocknen. Beiseite legen. Gehackten Knoblauch eine Minute

lang in Butter anbraten, dann Mehl hinzufügen und unter Rühren glatt rühren. Brühe (anstelle eines Teils der Brühe können Sie auch 1/4 Tasse trockenen Weißwein oder Sherry verwenden), Thymian und Estragon hinzufügen und rühren, bis die Flüssigkeit eingedickt ist. Zwiebeln, Karotten, Hühnchen und dann Lauch in den Crock Pot schichten. Alles mit Soße übergießen. Lorbeerblatt hinzufügen. Abdecken und 6 bis 7 Stunden auf NIEDRIG oder 3 bis 5 Stunden auf HOCH kochen.
2. Wenn Sie auf niedriger Stufe kochen, schalten Sie auf hoch und rühren Sie jeweils die Hälfte der aufgetauten Erbsen unter. Abdecken und weitere 15 Minuten auf höchster Stufe garen, oder bis die Bohnen durchgewärmt sind. Abschmecken und nachwürzen. Vor dem Servieren das Lorbeerblatt entfernen.
3. Für 4 bis 6 Personen.

Slow Cooker-Hähnchen in scharfer Soße

Rohmaterial

- 1/2 c. Tomatensaft

- 1/2 c. Sojasauce

- 1/2 c. brauner Zucker

- 1/4 c. Hühnersuppe

- 3 Knoblauchzehen, gehackt

- 3 bis 4 Pfund Hähnchenstücke, ohne Haut

VORBEREITUNG

1. Alle Zutaten außer dem Huhn in einer tiefen Schüssel vermischen. Tauchen Sie jedes Hähnchenstück in die Sauce. In den Slow Cooker geben. Den Rest der Soße darübergießen. 6 bis 8 Stunden auf niedriger Stufe oder 3 bis 4 Stunden auf hoher Stufe garen.
2. Ergibt 6 Portionen.

Slow Cooker Chicken Madras mit Currypulver

Rohmaterial

- 3 Zwiebeln, in dünne Scheiben geschnitten
- 4 Äpfel, geschält, entkernt und in dünne Scheiben geschnitten
- 1 Teelöffel Salz
- 1 bis 2 Teelöffel Currypulver oder nach Geschmack
- 1 Brathähnchen, in Stücke geschnitten
- Paprika

VORBEREITUNG

1. Im Crockpot Zwiebeln und Äpfel mischen; Mit Salz und Currypulver bestreuen. Gut mischen. Die Hähnchenhaut über die Zwiebelmischung legen. Großzügig mit Paprika bestreuen.
2. Abdecken und auf niedriger Stufe 6 bis 8 Stunden garen, bis das Hähnchen zart ist.
3. Abschmecken und bei Bedarf weitere Gewürze hinzufügen.
4. Für 4 Personen.

Slow Cooker Hähnchen mit Pilzen

Rohmaterial

- 6 Hähnchenbrüste mit Knochen, ohne Haut
- 1 1/4 TL Salz
- 1/4 TL Pfeffer
- 1/4 Teelöffel Paprika
- 1 3/4 TL Hühnerbrühwürfel oder Hühnerbrühe
- 1 1/2 Tassen geschnittene frische Pilze
- 1/2 Tasse Frühlingszwiebeln, in Scheiben geschnitten, mit Grünzeug
- 1/2 Tasse trockener Weißwein
- 1/2 Tasse Kondensmilch
- 5 Teelöffel Maisstärke
- frisch gehackte Petersilie

VORBEREITUNG

1. Das Hähnchen waschen und trocknen. Salz, Pfeffer und Paprika in einer Schüssel vermischen. Reiben Sie alle Seiten des Hähnchens mit der gesamten Mischung ein. In einem Slow Cooker abwechselnd Schichten von Hähnchenfleisch, Bouillonkörnern oder -brühe, Pilzen und Frühlingszwiebeln

schichten. Den Wein langsam einfüllen. Rühren Sie die Zutaten nicht um. Abdecken und 2 1/2 bis 3 Stunden auf hoher Stufe oder 5 bis 6 Stunden auf niedriger Stufe garen, oder bis das Hähnchen zart ist, aber nicht auseinanderfällt.

2. Hähnchen und Gemüse mit einem Löffel auf einen Teller oder eine Schüssel geben. Mit Folie abdecken und das Hähnchen warm halten. In einem kleinen Topf die Kondensmilch und die Maisstärke vermischen und glatt rühren. Nach und nach 2 Tassen der Kochflüssigkeit einrühren. Bei mittlerer Hitze umrühren, zum Kochen bringen; 1 Minute lang weiterkochen, oder bis es eingedickt ist. Einen Teil der Soße über das Hähnchen gießen und nach Belieben mit Petersilie garnieren. Nach Belieben mit heißem gekochtem Reis oder Nudeln servieren.

Cordon Bleu aus dem Slow Cooker

Rohmaterial

- 6 Hähnchenbrusthälften, ohne Knochen, ohne Haut – zerstoßen, um sie leicht zu glätten

- 6 dünne Scheiben Schinken

- 6 dünne Scheiben Schweizer Käse

- 1/4 bis 1/2 Tasse Mehl zum Bestreichen

- 1/2 Pfund geschnittene Pilze

- 1/2 Tasse Hühnerbrühe

- 1/2 Tasse trockener Weißwein (oder Hühnerbrühe verwenden)

- 1/2 Teelöffel Rosmarin, zerstoßen

- 1/4 Tasse geriebener Parmesankäse

- 2 Teelöffel Maisstärke gemischt mit 1 Esslöffel kaltem Wasser

- Salz und Pfeffer nach Geschmack

VORBEREITUNG

1. Auf jede abgeflachte Hähnchenbrust eine Scheibe Schinken und eine Scheibe Käse legen und aufrollen. Mit Zahnstochern befestigen und jeweils in Mehl wälzen, um sie zu bedecken. Geben Sie die Pilze in den Slow Cooker und dann die

Hähnchenbrust. Brühe, Wein (falls verwendet) und Rosmarin verrühren; über das Huhn gießen. Den Parmesankäse darüber streuen. Abdecken und bei niedriger Temperatur 6 bis 7 Stunden garen. Kurz vor dem Servieren das Hähnchen herausnehmen; warm halten
2. Zu den Säften im Slow Cooker die Maisstärkemischung hinzufügen; rühren, bis es eingedickt ist. Salzen und pfeffern, abschmecken und nachwürzen. Die Soße über die Hähnchenröllchen gießen und servieren.
3. Für 6 Personen.

Dijon-Hähnchen im Slow Cooker

Rohmaterial

- 4 Hähnchenbrusthälften ohne Knochen

- 1 gehäufter Esslöffel Honig-Dijon-Senf

- Salz und grob gemahlener schwarzer Pfeffer oder Piment

- 2 Packungen (je 8 Unzen) Babyspinat oder 1 Pfund gewaschene und getrocknete frische Spinatblätter

- 2 Esslöffel Butter, in kleine Stücke schneiden

- gehackter frischer Koriander oder Petersilie, optional

- geröstete Mandeln, optional

VORBEREITUNG

1. Fetten Sie den Utensilieneinsatz des Slow Cookers ein oder sprühen Sie ihn mit Antihaft-Kochspray ein.
2. Die Hähnchenbrüste waschen und trocknen.
3. Reiben Sie das Huhn mit Honig-Senf ein. Mit Salz und Pfeffer bestreuen.
4. Ordnen Sie die Hähnchenbrüste in der Auflaufform des Slow Cookers an. Mit Spinat belegen.

5. Wenn Ihr Slow Cooker zu klein für den ganzen Spinat ist, dämpfen Sie ihn kurz und fügen Sie die welken Spinatblätter hinzu.
6. Spinat mit Butter vermischen und mit mehr Salz und Pfeffer bestreuen.
7.
8. Vor dem Servieren nach Belieben mit Koriander oder Petersilie garnieren oder mit gerösteten Mandeln bestreuen.
9. Abdecken und 5 bis 6 Stunden auf NIEDRIGER Stufe garen.

•Um Mandeln zu rösten, geben Sie sie bei mittlerer Hitze in eine trockene Pfanne. Unter ständigem Rühren kochen, bis es leicht gebräunt und aromatisch ist.

Zitronenhähnchen aus dem Slow Cooker

Rohmaterial

- 1 Hähnchentopf, gewürfelt oder etwa 3 1/2 Pfund Hähnchenstücke

- 1 Teelöffel zerstoßene trockene Oreganoblätter

- 2 Knoblauchzehen, gehackt

- 2 Esslöffel Butter

- 1/4 Tasse trockener Wein, Sherry, Hühnerbrühe oder Wasser

- 3 Esslöffel Zitronensaft

- Salz und Pfeffer

VORBEREITUNG
1. Die Hähnchenteile mit Salz und Pfeffer würzen. Die Hälfte des Knoblauchs und Oreganos über das Hähnchen streuen.
2. Butter in einer Pfanne bei mittlerer Hitze schmelzen und das Hähnchen darin von allen Seiten anbraten.
3. Übertragen Sie das Huhn in den Schmortopf. Mit restlichem Oregano und Knoblauch bestreuen. Wein oder Sherry in die Bratpfanne geben und umrühren, um braune Stücke zu lösen; in einen Slow Cooker gießen.
4. Abdecken und auf NIEDRIGER Temperatur (200°) 7 bis 8 Stunden garen. In der letzten Stunde Zitronensaft hinzufügen.
5. Fett vom Saft abschneiden und in eine Schüssel gießen; dicker Saft, falls gewünscht.
6. Hühnchen mit Säften servieren.
7. Für 4 Personen.

Pulled Chicken aus dem Slow Cooker

Rohmaterial

- 1 Esslöffel Butter
- 1 Tasse gehackte Zwiebel
- 1/2 Teelöffel gehackter Knoblauch
- 1 1/2 Tassen Ketchup
- 1/2 Tasse Aprikosenmarmelade oder Pfirsichsauce
- 3 Esslöffel Apfelessig
- 2 Esslöffel Worcestershire-Sauce
- 2 TL Flüssigrauch
- 2 Esslöffel Melasse
- Prise Piment
- 1/4 Teelöffel frisch gemahlener schwarzer Pfeffer
- 1/8 bis 1/4 Teelöffel gemahlener Cayennepfeffer
- 1 Pfund Hähnchenbrust ohne Knochen
- 1 Pfund Hähnchenschenkel ohne Knochen

VORBEREITUNG
1. Die Butter in einem mittelgroßen Topf bei mittlerer Hitze schmelzen. Wenn die Butter schaumig ist, die gehackte Zwiebel dazugeben und unter Rühren anbraten, bis die Zwiebel weich und leicht gebräunt ist. Den gehackten Knoblauch hinzufügen und unter Rühren etwa 1 Minute länger kochen. Ketchup, Aprikosenmarmelade, Essig, Worcestershire-Sauce, Flüssigrauch, Melasse, Kräuter, schwarzen Pfeffer und Cayennepfeffer hinzufügen. 5 Minuten köcheln lassen.
2. Geben Sie 1 1/2 Tassen der Soße in den Topf auf dem Slow Cooker.
3. Die restliche Soße aufbewahren; In einen Behälter geben und bis zum Servieren im Kühlschrank aufbewahren. Geben Sie die Hähnchenstücke in den Slow Cooker. Abdecken und auf niedriger Stufe 4 1/2 bis 5 Stunden garen, oder bis das Hähnchen sehr zart ist und sich leicht zerteilen lässt. Die Hähnchenteile mit einer Gabel zerkleinern.
4. Auf gerösteten Brötchen mit Krautsalat und extra Barbecuesauce servieren.
5. Ein Menü könnte neben gebackenen Bohnen und geschnittenen Gurken und Tomaten auch Kartoffelsalat oder Ofenkartoffeln umfassen. Ich mag Krautsalat und Gurken auf meinem Grill, aber andere Beläge könnten auch Jalapeño-Pfefferringe, dünn geschnittene rote Zwiebeln, einfacher

geriebener Kohl und geschnittene Tomaten oder Gurken sein.
6. Für 8 Personen.

Geräucherte Wurst und Kohl

Rohmaterial

-
- 1 kleiner Kohlkopf, grob zerkleinert
-
- 1 große Zwiebel, grob gehackt
- 1 1/2 bis 2 Pfund Truthahnpolitur oder geräucherte Kielbasa-Wurst, in 1 bis 2 Zoll große Stücke geschnitten
- 1 Tasse Apfelsaft
- 1 Esslöffel Dijon-Senf
- 1 Esslöffel Apfelessig
- 1 bis 2 Esslöffel brauner Zucker
- 1 TL Kümmel, optional
- Pfeffer, nach Geschmack

VORBEREITUNG
1. Geben Sie den Kohl, die Zwiebeln und die Wurst in einen Slow Cooker mit 5 oder 6 Litern

Fassungsvermögen (für die Zubereitung in einem 3 1/2 Quart-Kocher verwenden Sie weniger Kohl oder lassen ihn durch etwa 10-minütiges Kochen zusammenfallen, dann abgießen und hinzufügen). Saft, Senf, Essig, braunen Zucker und Kreuzkümmel (falls verwendet) verrühren. Gießen Sie die Zutaten über den Slow Cooker. Nach Geschmack mit Pfeffer bestreuen. Abdecken und bei niedriger Temperatur 8 bis 10 Stunden garen. Nach Wunsch mit Kartoffeln und grünem Salat servieren.

Spanisches Hähnchen mit Reis

Rohmaterial

- 4 Hähnchenbrusthälften, ohne Haut
- 1/4 Teelöffel Salz
- 1/4 TL Pfeffer
- 1/4 Teelöffel Paprika
- 1 Esslöffel Pflanzenöl
- 1 mittelgroße Zwiebel, gehackt
- 1 kleine rote Paprika, gehackt (oder gehackte geröstete rote Paprika)
- 3 Knoblauchzehen, gehackt
- 1/2 Teelöffel getrockneter Rosmarin
- 1 Dose (14 1/2 oz) Dosentomaten
- 1 Packung (10 oz) gefrorene Erbsen

VORBEREITUNG

1. Das Hähnchen mit Salz, Pfeffer und Paprika würzen. Öl in einer Pfanne bei mittlerer Hitze erhitzen und das Hähnchen von allen Seiten anbraten. Übertragen Sie das Huhn in einen Slow Cooker.

2. In einer kleinen Schüssel die restlichen Zutaten außer den gefrorenen Erbsen vermischen. Über das Huhn gießen. Abdecken und 7 bis 9 Stunden auf niedriger Stufe oder 3 bis 4 Stunden auf hoher Stufe garen. Spülen Sie die Bohnen eine Stunde vor dem Servieren in einem Sieb unter heißem Wasser ab, um sie aufzutauen, und geben Sie sie dann in den Schmortopf. Servieren Sie dieses Hühnchengericht über heißem gekochtem Reis.

Tamis gegrillte Hähnchenschenkel

Rohmaterial

- 6 bis 8 gefrorene Hähnchenbrüste•

- 1 Flasche dicke Barbecue-Sauce

VORBEREITUNG

1. Legen Sie gefrorene Hähnchenschenkel in einen Slow Cooker. BBQ-Sauce darübergießen. Abdecken und 6 bis 8 Stunden auf HOCH kochen.
2. •Hinweis: Wenn Sie mit aufgetauten Hähnchenschenkeln beginnen, entfernen Sie zuerst die Haut oder bräunen Sie sie an, um den Fettgehalt zu reduzieren, und garen Sie sie 6 bis 8 Stunden lang auf NIEDRIGER Stufe.

Tamis Crockpot Chicken Mozzarella

Rohmaterial

- 4 Hühnerstunden

- 2 EL Knoblauch-Pfeffer-Gewürz

- 1 Dose Zucchini mit Tomatensauce

- 4 Unzen geriebener Mozzarella-Käse

VORBEREITUNG

1. Das Hähnchen in den Slow Cooker geben und mit Gewürzen bestreuen. Zucchini mit Tomatensauce über das Hähnchen gießen. Abdecken und 6 bis 8 Stunden auf NIEDRIGER Stufe garen. Mit Käse bestreuen und ca. 30 Minuten kochen, bis der Käse schmilzt.

Weißes Hühnchen Chilli

Rohmaterial

- 4 Hähnchenbrusthälften ohne Knochen, ohne Haut, in 1/2-Zoll-Stücke geschnitten

- 1/2 Tasse gehackter Sellerie

- 1/2 Tasse gehackte Zwiebel

- 2 Dosen (je 14,5 Unzen) gekochte Tomaten, gewürfelt

- 16 Unzen. inkl. Salsa oder Picante-Sauce

- 1 Dose Kichererbsen oder Great-Northern-Bohnen, abgetropft

- 6 bis 8 Unzen. geschnittene Pilze

- Olivenöl

VORBEREITUNG

1. Hähnchen in 1 EL Olivenöl anbraten. Sellerie, Zwiebeln und Pilze hacken. Alle Zutaten in einem großen Slow Cooker vermischen; umrühren und bei schwacher Hitze 6 bis 8 Stunden köcheln lassen. Mit knusprigem Brot oder Taco-Chips servieren. •Wenn Sie es scharf mögen, verwenden Sie scharfe Salsa oder Picante-Sauce.

Slow Cooker Hühnchen und schwarze Bohnen

Rohmaterial

- 3 bis 4 Hähnchenbrusthälften ohne Knochen, in Streifen geschnitten
- 1 Dose (12 bis 15 Unzen) Mais, abgetropft
- 1 Dose (15 oz) schwarze Bohnen, abgespült und abgetropft
- 2 Teelöffel Kreuzkümmel
- 2 Teelöffel Chilipulver
- 1 Zwiebel, halbiert und in dünne Scheiben geschnitten
- 1 grüne Paprika, in Streifen geschnitten
- 1 Dose (14,5 Unzen) gewürfelte Tomaten
- 1 Dose (6 Unzen) Tomatenmark

VORBEREITUNG

1. Alle Zutaten in einem Slow Cooker vermischen. Abdecken und auf niedriger Stufe 5 bis 6 Stunden garen.

2. Nach Belieben mit geriebenem Käse garnieren. Servieren Sie Fiesta-Hähnchen und schwarze Bohnen mit warmen Mehl-Tortillas oder über Reis.
3. Für 4 Personen.

Hühnchen und Dressing, Slow Cooker

Rohmaterial

- 1 Beutel gewürzte Füllmischung, 14 bis 16 Unzen

- 3 bis 4 Tassen gekochtes, gewürfeltes Hähnchen

- 3 Dosen Hühnercremesuppe

- 1/2 Tasse Milch

- 1 bis 2 Tassen milder Cheddar-Käse, gerieben

VORBEREITUNG

1. Bereiten Sie die Füllmischung gemäß den Anweisungen in der Packung vor und geben Sie sie in einen 5-Liter-Crock Pot. 2 Dosen Hühnersuppe unterrühren. Hähnchenstücke, 1 Dose Hühnercremesuppe und Milch in einer Rührschüssel vermischen. Die Füllung in einem Slow Cooker verteilen. Mit Käse bestreuen. Abdecken und 4 bis 6 Stunden auf niedriger Stufe oder 2 bis 3 Stunden auf hoher Stufe garen.
2. Für 6 bis 8 Personen.

Hühnchen und Pilze, Slow Cooker

Rohmaterial

- 6 Hähnchenbrusthälften, mit Knochen, Haut entfernt
- 1 1/4 TL. Salz
- 1/4 TL. Pfeffer
- 1/4 TL. Paprika
- 2 TL Kichererbsen
- 1 1/2 Tassen geschnittene Pilze
- 1/2 Tasse gehackte Frühlingszwiebeln
- 1/2 Tasse trockener Weißwein
- 2/3 Tasse Kondensmilch
- 5 TL. Maisstärke
- Gehackte frische Petersilie
-

heiß gekochter Reis

VORBEREITUNG

1. Salz, Pfeffer und Paprika in einer kleinen Schüssel vermischen. Reiben Sie die gesamte Mischung in das Huhn ein.
2. In einem Slow Cooker abwechselnd Hühnchen, Maisbrühe, Pilze und Frühlingszwiebeln schichten. Wein darübergießen. BITTE NICHT STÖREN.

3. Abdecken und 2 1/2 bis 3 Stunden auf HOCH oder 5 bis 6 Stunden auf NIEDRIG kochen, oder bis das Huhn zart ist, aber nicht vom Knochen fällt. Wenn möglich, verquirlen Sie einen davon nach der Hälfte der Garzeit.
4. Hähnchen und Gemüse mit einem Schaumlöffel auf einen Teller geben.
5. Mit Folie abdecken und warm halten.
6. In einem kleinen Topf Kondensmilch und Maisstärke verrühren, bis eine glatte Masse entsteht. Nach und nach 2 Tassen der Kochflüssigkeit einrühren. Bei mittlerer Hitze umrühren, zum Kochen bringen und 1 bis 2 Minuten kochen lassen, oder bis es eingedickt ist.
7. Einen Teil der Soße über das Hähnchen gießen und mit gehackter Petersilie garnieren. Restliche Soße dazu servieren.
8. Mit heißem gekochtem Reis servieren.

Hühnchen und Reis-Parmesan, Slow Cooker

Rohmaterial

- 1 Umschlag Zwiebelsuppenmischung
- 1 Dose (10 3/4 oz) dicke Pilzcremesuppe, fettarm
- 1 Dose (10 3/4 Unzen) dicke Hühnercremesuppe, fettreduziert
- 1 1/2 Tassen fettarme oder fettfreie Milch
- 1 Tasse trockener Weißwein
- 1 Tasse weißer Reis
- 6 Hähnchenbrustfilets ohne Knochen und Haut
- 2 Esslöffel Butter
- 2/3 Tasse geriebener Parmesankäse

VORBEREITUNG

1. Zwiebelsuppe, Cremesuppen, Milch, Wein und Reis verrühren. Crock Pot mit Pam besprühen. Hähnchenbrust in den Crock Pot geben, mit 1 Teelöffel Butter belegen, alles mit der Suppenmischung übergießen und mit Parmesankäse bestreuen. 8 bis 10 Stunden auf niedriger Stufe oder 4 bis 6 Stunden auf hoher Stufe garen. Für 6 Personen.

Huhn und Garnelen

Rohmaterial

- 2 Pfund Hähnchenschenkel und -brüste ohne Knochen, Haut entfernt, in Stücke geschnitten
- 2 Esslöffel natives Olivenöl extra
- 1 Tasse gehackte Zwiebel
- 2 Knoblauchzehen, gehackt
- 1/4 Tasse Petersilie, gehackt
- 1/2 Tasse Weißwein
- 1 große Dose (15 Unzen) Ketchup
- 1 Teelöffel getrocknete Basilikumblätter
- 1 Pfund ungekochte Garnelen, geschält und entdarmt
- Salz und frisch gemahlener schwarzer Pfeffer nach Geschmack
- 1 Pfund Fettuccine, Linguine oder Spaghetti

VORBEREITUNG

1. Das Olivenöl in einer großen Pfanne oder Bratpfanne bei mittlerer Hitze erhitzen. Die Hähnchenstücke dazugeben und unter Rühren anbraten, bis sie leicht gebräunt sind. Nehmen Sie das Hähnchen aus dem Slow Cooker.

2. Geben Sie noch etwas Öl in die Pfanne und braten Sie die Zwiebel, den Knoblauch und die Petersilie etwa 1 Minute lang an. Vom Herd nehmen und Wein, Tomatensauce und getrocknetes Basilikum unterrühren. Gießen Sie die Mischung über das Huhn im Slow Cooker.
3. Abdecken und 4 bis 5 Stunden auf NIEDRIGER Stufe garen.
4. Garnelen einrühren, abdecken und auf NIEDRIGER Stufe noch etwa 1 Stunde garen.
5. Mit Salz und frisch gemahlenem schwarzem Pfeffer abschmecken.
6. Kurz bevor das Gericht fertig ist, die Nudeln nach Packungsanweisung in kochendem Salzwasser kochen.

Rezept für Hühnchen und Füllung

Rohmaterial

- 4 Hähnchenbrusthälften ohne Knochen, ohne Haut
- 4 Scheiben Schweizer Käse
- 1 Dose (10 1/2 oz) schwere Hühnercremesuppe
- 1 Dose (10 1/2 oz) dicke Pilzcremesuppe
- 1 Tasse Hühnerbrühe
- 1/4 Tasse Milch
- 2 bis 3 Tassen Pepperidge Farm Kräuterfüllungsmischung oder hausgemachte Füllungsmischung
- 1/2 Tasse geschmolzene Butter •Siehe Sandys Notizen
- Salz und Pfeffer nach Geschmack

VORBEREITUNG

1. Die Hähnchenbrust mit Salz und Pfeffer würzen; Legen Sie die Hähnchenbrust in den Slow Cooker.

2. Hühnerbrühe über die Hähnchenbrüste gießen.

3. Auf jede Brust eine Scheibe Schweizer Käse legen.

4. Kombinieren Sie beide Dosen Suppe und Milch. Hähnchenbrust mit Suppenmischung bedecken.

5. Die Füllmischung über alles streuen. Geschmolzene Butter darüber träufeln.

6. Bei schwacher Hitze 6–8 Stunden kochen lassen.

Hähnchenbrust in kreolischer Sauce

Rohmaterial

- 1 Bund Frühlingszwiebeln (6 bis 8, mit dem größten Teil des grünen Teils)

- 2 Scheiben Speck

- 1 Teelöffel kreolisches oder Cajun-Gewürz

- 3 Esslöffel Butter

- 4 Esslöffel Mehl

- 3/4 Tasse Hühnerbrühe

- 1 bis 2 Esslöffel Tomatenmark

- 4 Hähnchenbrusthälften ohne Knochen

- 1/4 bis 1/2 Tasse halb und halb oder Milch

VORBEREITUNG

1. Butter in einem Topf bei mittlerer bis niedriger Hitze schmelzen. Zwiebel und Speck hinzufügen, kochen und 2 Minuten rühren. Mehl hinzufügen, umrühren und weitere 2 Minuten kochen lassen. Hühnerbrühe hinzufügen; kochen, bis es

dickflüssig ist, und dann Tomatenmark hinzufügen. Hähnchenbrust in den Slow Cooker/Crock Pot geben; Fügen Sie die Saucenmischung hinzu. Abdecken und auf niedriger Stufe 6 bis 7 Stunden garen, nach 3 Stunden umrühren. Etwa 20 bis 30 Minuten vor der Zubereitung Milch einrühren. Über Nudeln oder Reis servieren.
2. Für 4 Personen.

Hühnchen-Chili mit Hominy

Rohmaterial

- 2 Pfund Hähnchenbrust, ohne Knochen und ohne Haut, in 1 bis 1 1/2 Zoll große Stücke geschnitten
- 1 mittelgroße Zwiebel, gehackt
- 3 Knoblauchzehen, in dünne Scheiben geschnitten
- 1 Dose (15 oz) weißes Hominy, abgetropft
- 1 Dose (14 oz) gewürfelte Tomaten, nicht abgetropft
- 1 Dose (28 oz) Tomaten, abgetropft und gehackt
- 1 Dose (4 oz) milde grüne Chilis

VORBEREITUNG

1. Alle Zutaten im Slow Cooker vermischen; umrühren, um alle Zutaten zu vermischen. Abdecken und 7 bis 9 Stunden auf niedriger Stufe oder 4 bis 4 1/2 Stunden auf hoher Stufe garen.
2. Für 4 bis 6 Personen.

Hühnchen-Deish

Rohmaterial

- 6 bis 8 Hähnchenbrustfilets ohne Knochen und Haut
- Zitronensaft
- Salz und Pfeffer nach Geschmack
- Selleriesalz oder Gewürzsalz nach Geschmack
- Paprika, nach Geschmack
- 1 Dose Selleriecremesuppe
- 1 Dose Pilzcremesuppe
- 1/3 Tasse trockener Weißwein
- geriebener Parmesankäse nach Geschmack
- gekochter Reis

VORBEREITUNG
1. Hähnchen abspülen; trocken. Mit Zitronensaft, Salz, Pfeffer, Selleriesalz und Paprika würzen. Legen Sie das Huhn in den Slow Cooker. In einer mittelgroßen Schüssel Suppen mit Wein vermischen. Über die Hähnchenbrüste gießen. Mit Parmesankäse bestreuen. Abdecken und bei

niedriger Temperatur 6 bis 8 Stunden garen. Servieren Sie das Hähnchen mit Soße über heißem gekochtem Reis und geben Sie den Parmesan darüber.
2. Für 4 bis 6 Personen.

Hühnchen-Enchiladas für den Slow Cooker

Rohmaterial

- 1 Packung. Hähnchenbrust (1 - 1 1/2 Pfund)
- 1 Glas Hühnersauce
- 1 4-Unzen-Dose grüne Chilis, gehackt
- 1 Zwiebel, gehackt
- Mais-Tortillas
- geriebener Käse

VORBEREITUNG

1. Kombinieren Sie Hühnchen, Soße, grüne Chilis und gehackte Zwiebeln im Slow Cooker. Abdecken und 5 bis 6 Stunden auf NIEDRIGER Stufe kochen. Das Hähnchen aus der Soße nehmen und zerkleinern. Maistortillas mit Hähnchen und Soße füllen. Mit geriebenem Käse belegen und aufrollen. In eine ofenfeste Form geben. Überschüssige Soße abgießen und mit geriebenem Käse bestreuen. Bei 350° etwa 15 bis 20 Minuten backen.
2. Für 4 bis 6 Personen.

Hühnchen in Las Vegas

Rohmaterial

- 6 Hähnchenbrustfilets ohne Knochen und Haut
- 1 Dose Pilzcremesuppe
- 1/2 Pint. Sauerrahm
- 1 (6 Unzen) Glas getrocknetes, zerkleinertes Rindfleisch

VORBEREITUNG

1. Suppe, Sauerrahm und Trockenfleisch vermischen. Hähnchen in der Mischung wälzen, gut abdecken; in den Schmortopf geben. Den Rest der Mischung über das Hähnchen gießen. Abdecken und auf niedriger Stufe 5 bis 7 Stunden garen, bis das Hähnchen zart, aber nicht ausgetrocknet ist. Mit heißem gekochtem Reis oder Nudeln servieren.
2. Für 6 Personen.

Chicken Parisienne für den Slow Cooker

Rohmaterial

- 6 bis 8 Hähnchenbrusthälften
- Salz, Pfeffer und Paprika
- 1/2 Tasse trockener Weißwein
- 1 (10 1/2 Unzen) Dose Pilzcremesuppe
- 8 Unzen geschnittene Pilze
- 1 Tasse saure Sahne
- 1/4 Tasse Mehl

VORBEREITUNG

1. Hähnchenbrust mit Salz, Pfeffer und Paprika bestreuen. In einen Slow Cooker geben. Wein, Suppe und Pilze gut verrühren. Über das Huhn gießen. Mit Paprika bestreuen. Abdecken und bei niedriger Temperatur 6 bis 8 Stunden garen, oder bis das Hähnchen zart, aber nicht zu trocken ist. Sauerrahm und Mehl vermischen; in den Crock Pot geben. Etwa 20 Minuten länger kochen, bis es durchgeheizt ist.
2. Mit Reis oder Nudeln servieren.
3. Für 6 bis 8 Personen.

Reuben-Hähnchen-Auflauf, Slow Cooker

Rohmaterial

- 32 Unzen Sauerkraut (Glas oder Beutel), abgespült und abgetropft
- 1 Tasse russisches Dressing
- 4 bis 6 Hähnchenbrusthälften ohne Knochen, ohne Haut
- 1 Esslöffel zubereiteter Senf
- 1 Tasse geriebener Schweizer Käse oder Monterey Jack

VORBEREITUNG

1. Die Hälfte des Sauerkrauts auf den Topfboden geben. Gießen Sie 1/3 Tasse Dressing darüber; Legen Sie 2 bis 3 Hähnchenbrüste darauf und verteilen Sie den Senf auf dem Hähnchen. Mit restlichem Sauerkraut und Hähnchenbrust belegen; Gießen Sie eine weitere 1/3 Tasse Dressing darüber und bewahren Sie die restliche 1/3 Tasse Dressing zum Servieren auf.
2. Abdecken und bei niedriger Temperatur etwa 4 Stunden garen, oder bis das Hähnchen gar und zart ist. Mit Schweizer Käse bestreuen und kochen, bis der Käse geschmolzen ist.
3. Mit reserviertem Dressing servieren.
4. Für 4 bis 6 Personen.

Huhn mit Preiselbeeren

Rohmaterial

- 6 Hähnchenbrustfilets ohne Knochen und Haut
- 1 kleine Zwiebel, gehackt
- 1 Tasse frische Preiselbeeren
- 1 Teelöffel Salz
- 1/4 Teelöffel gemahlener Zimt
- 1/4 TL gemahlener Ingwer
- 3 Esslöffel brauner Zucker oder Honig
- 1 Tasse Orangensaft
- 3 Esslöffel Mehl mit 2 Esslöffeln kaltem Wasser vermischt

VORBEREITUNG

1. Geben Sie alle Zutaten außer der Mehl-Wasser-Mischung in den Slow Cooker oder Crock Pot. Abdecken und bei niedriger Temperatur 6 bis 7 Stunden garen, bis das Hähnchen zart ist. Während der letzten 15 bis 20 Minuten die Mehlmischung

hinzufügen und kochen, bis sie eingedickt ist. Abschmecken und nachwürzen.
2. Für 4 Personen.

Hähnchen mit Dressing und Soße, Slow Cooker

Rohmaterial

- 1 Packung (6 Unzen) gewürzte Füllungskrümel („Füllmischung für den Herd")

- 1 große Kartoffel, in kleine Würfel geschnitten

- 1 Bund Frühlingszwiebeln, gehackt

- 2 Stangen Sellerie, gehackt

- 1/2 Tasse Wasser

- 3 Esslöffel Butter, geteilt

- 1 Teelöffel Geflügelgewürz, aufgeteilt

- 1 bis 1 1/2 Pfund Hähnchenschenkel oder Brüste ohne Knochen

- 1 Glas (12 Unzen) Hühnersoße, z. B. Heinz Homestyle Chicken Soße

VORBEREITUNG

1. In einem leicht gefetteten oder besprühten Schmortopf die Streuselfüllung mit

Kartoffelwürfeln, Frühlingszwiebeln, Sellerie, 2 Esslöffeln geschmolzener Butter und 1/2 Tasse Wasser vermengen. Mit etwa einem halben Teelöffel Geflügelgewürz bestreuen. Top-Füllung mit Hähnchenstücken; Mit restlicher Butter und Geflügelgewürz beträufeln. Soße über das Hähnchen gießen. Abdecken und bei niedriger Temperatur 6 bis 7 Stunden garen.

Hähnchen mit Makkaroni und geräuchertem Gouda-Käse

Rohmaterial

- 1 1/2 Pfund Hähnchenbrust, ohne Knochen

- 2 kleine Zucchini, halbiert und in 0,35 cm dicke Scheiben geschnitten

- 1 Packung Hühnersoßenmischung (ca. 1 Unze)

- 2 Esslöffel Wasser

- Salz und Pfeffer nach Geschmack

- eine Prise gemahlene Muskatnuss, möglichst frisch

- 8 Unzen geräucherter Gouda-Käse, gerieben

- 2 Esslöffel Kondensmilch oder leichte Sahne

- 1 große Tomate, gehackt

- 4 Tassen gekochte Makkaroni oder Nudeln mit kleiner Schale

VORBEREITUNG

1. Hähnchen in 2,5 cm große Würfel schneiden; in den Schmortopf geben. Zucchini, Saucenmischung, Wasser und Gewürze hinzufügen. Abdecken und 5 bis 6 Stunden auf niedriger Stufe kochen lassen. Geben Sie den geräucherten Gouda, Milch oder

Sahne und die gehackten Tomaten während der letzten 20 Minuten oder während die Makkaroni kochen, in den Topf. Heiße, gekochte Makkaroni unterrühren.
2. Hühnchenrezept für 4 Personen.

Hähnchen mit Perlzwiebeln und Pilzen, Slow Cooker

Rohmaterial

- 4 bis 6 Hähnchenbrüste ohne Knochen, in 2,5 cm große Stücke geschnitten

- 1 Dose (10 3/4 Unzen) Hühnercreme oder Hühnercreme-Pilz-Suppe

- 8 Unzen geschnittene Pilze

- 1 Beutel (16 Unzen) gefrorene Perlzwiebeln

- Salz und Pfeffer nach Geschmack

- Petersilie, gehackt, zum Garnieren

VORBEREITUNG

1. Das Hähnchen waschen und trocknen. In 1/2 bis 1 Zoll große Stücke schneiden und in eine große Schüssel geben. Suppe, Pilze und Zwiebeln hinzufügen; Zum Kombinieren umrühren. Sprühen Sie den Einsatz mit Kochspray ein.
2. Die Hühnermischung in den Topf geben und mit Salz und Pfeffer bestreuen.
3. Abdecken und auf niedriger Stufe 6 bis 8 Stunden garen, dabei nach Möglichkeit nach der Hälfte der Garzeit umrühren.
4. Nach Belieben mit frisch gehackter Petersilie garnieren und über heißem gekochtem Reis oder mit Kartoffeln servieren.
5. Für 4 bis 6 Personen.

Huhn mit Ananas

Rohmaterial

- 1 bis 1 1/2 Pfund Hähnchenbrust, in 2,5 cm große Stücke geschnitten

- 2/3 Tasse Ananas

- 1 Esslöffel plus 1 Teelöffel Teriyaki-Sauce

- 2 Knoblauchzehen in dünne Scheiben geschnitten

- 1 Esslöffel getrocknete gehackte Zwiebel (oder 1 Bund frische Frühlingszwiebel, gehackt)

- 1 Esslöffel Zitronensaft

- 1/2 TL gemahlener Ingwer

- eine Prise Cayennepfeffer nach Geschmack

- 1 Packung (10 oz) Zuckerschoten, aufgetaut

VORBEREITUNG

1. Legen Sie die Hähnchenstücke in einen Slow Cooker/Crock Pot.
2. Kandiertes Rindfleisch, Teriyaki-Sauce, Knoblauch, Zwiebeln, Zitronensaft, Ingwer und Cayennepfeffer

vermischen; gut umrühren. Über das Hähnchen geben und wenden, bis es bedeckt ist.
3. Abdecken und mindestens 6 bis 7 Stunden kochen lassen. In den letzten 30 Minuten Erbsen hinzufügen.
4. Für 4 Personen.

Landkapitän Huhn

Rohmaterial

- 2 mittelgroße Granny-Smith-Äpfel, entkernt und gewürfelt (ungeschält)

- 1/4 Tasse fein gehackte Zwiebel

- 1 kleine grüne Paprika, entkernt und fein gehackt

- 3 Knoblauchzehen, gehackt

- 2 Esslöffel Rosinen oder Johannisbeeren

- 2 bis 3 Teelöffel Currypulver

- 1 Teelöffel gemahlener Ingwer

- 1/4 Teelöffel gemahlener roter Pfeffer oder nach Geschmack

- 1 Dose (ca. 14 1/2 Unzen) gewürfelte Tomaten

- 6 Hähnchenbrusthälften ohne Knochen, ohne Haut

- 1/2 Tasse Hühnerbrühe

- 1 Tasse modifizierter weißer Langkornreis

- 1 Pfund mittelgroße bis große Garnelen, geschält und entdarmt, ungekocht, optional

- 1/3 Tasse Mandelscheiben

- koscheres Salz

- Gehackte Petersilie

VORBEREITUNG

1. In einem 4- bis 6-Liter-Slow-Cooker gewürfelte Äpfel, Zwiebeln, Paprika, Knoblauch, goldene Rosinen oder Johannisbeeren, Currypulver, Ingwer und gemahlenen roten Pfeffer vermischen; Tomaten unterrühren.
2. Das Hähnchen auf der Tomatenmischung anrichten, dabei die Stücke leicht überlappen lassen. Hühnerbrühe über die Hähnchenbrüste gießen. Abdecken und auf NIEDRIGER Stufe kochen, bis das Hähnchen beim Einstechen mit einer Gabel sehr zart ist, etwa 4 bis 6 Stunden.
3. Legen Sie das Hähnchen auf einen warmen Teller, decken Sie es leicht ab und halten Sie es in einem 200 °F heißen Ofen oder einer Wärmeschublade warm.
4. Den Reis in die Kochflüssigkeit einrühren. Erhöhen Sie die Temperatur auf einen hohen Wert. abdecken und unter ein- oder zweimaligem Rühren kochen, bis der Reis fast zart ist, etwa 35 Minuten. Garnelen unterrühren, falls verwendet; abdecken und etwa 15 Minuten länger kochen, bis die Garnelen in der Mitte undurchsichtig sind; Zum Testen schneiden.
5. In der Zwischenzeit Mandeln in einer kleinen Pfanne bei mittlerer Hitze goldbraun rösten, dabei gelegentlich umrühren. Beiseite legen.
6. Zum Servieren die Reismischung mit Salz abschmecken. In einer warmen Servierschüssel

aufhäufen; Hähnchen darauf anrichten. Mit Petersilie und Mandeln bestreuen.

Landhuhn und Pilze

Rohmaterial

- 1 Glas Country-Sauce

- 4 bis 6 Hähnchenbrust

- 8 Unzen geschnittene Pilze

- Salz und Pfeffer nach Geschmack

VORBEREITUNG
1. Alle Zutaten vermischen; Abdecken und auf niedriger Stufe 6 bis 7 Stunden garen. Mit Reis oder Nudeln servieren.
2. Für 4 bis 6 Personen.

Cranberry-Huhn

Rohmaterial

- 2 Pfund Hähnchenbrust ohne Knochen, ohne Haut
- 1/2 Tasse gehackte Zwiebel
- 2 Teelöffel Pflanzenöl
- 2 Teelöffel Salz
- 1/2 TL gemahlener Zimt
- 1/4 TL gemahlener Ingwer
- 1/8 TL gemahlene Muskatnuss
- Ansturm zerschmetterte alle Hände
- 1 Tasse Orangensaft
- 2 Teelöffel fein geriebene Orangenschale
- 2 Tassen frische oder gefrorene Cranberries
- 1/4 Tasse brauner Zucker

VORBEREITUNG

1. Hähnchenstücke und Zwiebeln in Öl anbraten; mit Salz bestreuen.
2. Gebräuntes Hähnchen, Zwiebeln und andere Zutaten in den Topf geben.
3. Abdecken und auf niedriger Stufe 5 1/2 bis 7 Stunden kochen lassen.

4. Falls gewünscht, den Saft gegen Ende der Garzeit mit einer Mischung aus etwa 2 Esslöffeln Maisstärke und 2 Esslöffeln kaltem Wasser andicken.

www.ingramcontent.com/pod-product-compliance
Lightning Source LLC
LaVergne TN
LVHW021706060526
838200LV00050B/2530